Angelika Gassner   Anna-Katharina Stahl

carpe diem

Ein spiritueller Begleiter durch die Fastenzeit

40 Tage Zeit für mich!

camino.

carpe diem

ergreife die CHANCE!

Einladung

Die Fastenzeit liegt am Ende des vorbeiziehenden Winters und öffnet sich für das Aufbrechen des Frühlings. Zunächst liegt noch vieles unter der weißen Schneedecke, tief im Dunkel verborgen. Allmählich aber bricht es auf, unter der Decke, gedeiht und bahnt sich seinen Weg hinaus ans Licht. Dort angelangt, will es sich aufrichten, der Sonne entgegenwachsen und sich entfalten. Erst in der Entfaltung eröffnet sich wahre Größe.

Das, was die Natur mir vorlebt – jedes Jahr aufs Neue, Auferstehung pur – ist auch meine Chance zum inneren Wachsen, Aufblühen und zur Entfaltung meines Potentials, meiner Seelengröße.
Mit dem ersten Schritt, dieses Buch zur Hand zu nehmen, darin zu blättern, sich ansprechen und vielleicht sogar bewegen zu lassen, wird viel möglich. Die Chance ist bereits ergriffen, weitere Schritte zu setzen und den Boden zu betreten, der mich zur Oase führen will. Dort kann ich die Quelle entdecken, die mich nährt und erquickt, aus der ich dann mehr Lebensqualität und tieferen Sinn für meinen Alltag schöpfe.

Angelika Gassner

TAG 1

weil ICH es mir WERT bin.

Meine Oase

Ich suche mir in meinem Umfeld einen geeigneten Ort, an den ich mich zurückziehen kann, um mich mir selbst zuzuwenden. Es sollte ein ruhiger Ort sein, an dem ich nicht abgelenkt werde; an dem ich mich wohlfühle; an dem ich loslassen kann. Ich lasse mir Zeit, den Ort zu finden, der mich durch die kommende Fastenzeit begleiten und beheimaten möchte.
Wenn ich angekommen bin, setze ich mich hin und werde ruhig. Ich atme durch meinen ganzen Körper und erfülle ihn mit Ruhe und Geborgenheit. Jeder Atemzug bringt mich mir näher. Ich entspanne mich und lasse los. In der wachsenden Stille bin ich ganz bei mir, nehme mich wahr, wie ich hierher gekommen bin, wie ich jetzt anwesend bin.
Ich habe am Beginn dieses Weges die Möglichkeit, das Verloren-Geglaubte zu betrauern, um Wandlung zu bitten und mir die gewandelten Möglichkeiten vor Augen zu halten – als Sehnsucht, als Traum, als Chance.

ich richte mein Gesicht zu Gott
lass mich anschauen
mit liebenden Augen
lerne von Gott
und schau mich an
mit Wohlwollen und Staunen
in meinen Ritzen
der Zerbrechlichkeit
spiegelt sich der Glanz
göttlichen Zuspruchs
ich bin geliebt und bejaht

carpe diem

CHANCE!

In den bevorstehenden 48 Tagen kann ich mich in meine innere Heimat zurückziehen, jeden Tag für kurze Zeit ... und Zeit mit mir selbst verbringen. Kostbare Zeit, die ich in die Beziehung mit mir selbst investiere, damit ich mich nicht den Augen verliere, damit ich mir selb wieder geschenkt werde. Ich ergreife Chance, weil ich es mir wert bin!

Der Geist GOTTES, des Herrn, ruht auf mir. Denn der HERR hat mich gesalbt; er hat mich gesandt, um den Armen frohe Botschaft zu bringen, um die zu heilen, die gebrochenen Herzens sind, um den Gefangenen Freilassung auszurufen und den Gefesselten Befreiung, um ein Gnadenjahr des HERRN auszurufen, einen Tag der Vergeltung für unseren Gott, um alle Trauernden zu trösten, den Trauernden Zions Schmuck zu geben anstelle von Asche, Freudenöl statt Trauer, ein Gewand des Ruhms statt eines verzagten Geistes. Man wird sie Eichen der Gerechtigkeit nennen, Pflanzung des HERRN zum herrlichen Glanz. [JESAJA 61,1–3]

Asche … verbrannt und gewandelt Die Palmzweige von Ostern werden verbrannt und die verbleibende Asche wird am Aschermittwoch verwendet. Im Feuer gereinigt und verwandelt, erinnert die Asche mich an meine Endlichkeit und gleichzeitig an die Auferstehung aus allen Gräbern. Als Kreuzzeichen auf meiner Stirn ist sie Zeichen dafür, dass ich mir meiner Begrenzung bewusst bin. Ich bin zerbrechlich, verletzlich, mir sind im Leben Grenzen gesetzt. Manchmal scheitere ich auch an meinen oder deinen Grenzen. Asche wurde in Zeiten der Trauer übers Haupt gestreut, gleichzeitig war es Symbol der Erneuerung und Wiedergeburt.

Am Beginn der Fastenzeit vergegenwärtige ich mir, dass ich selbst Teil der Vergänglichkeit bin. Vieles in meinem Leben liegt schon hinter mir. Manches ist mir verloren gegangen, anderes habe ich bereits „überlebt", bin darüber hinausgewachsen. Einiges aber liegt noch vor mir und in mir – unangetastet, unverwandelt, übersehen oder nicht gewürdigt. Die Zeit vor mir will mir den göttlichen Glanz wieder verleihen und mir in Erinnerung rufen, dass ich gesalbt und gesegnet bin.

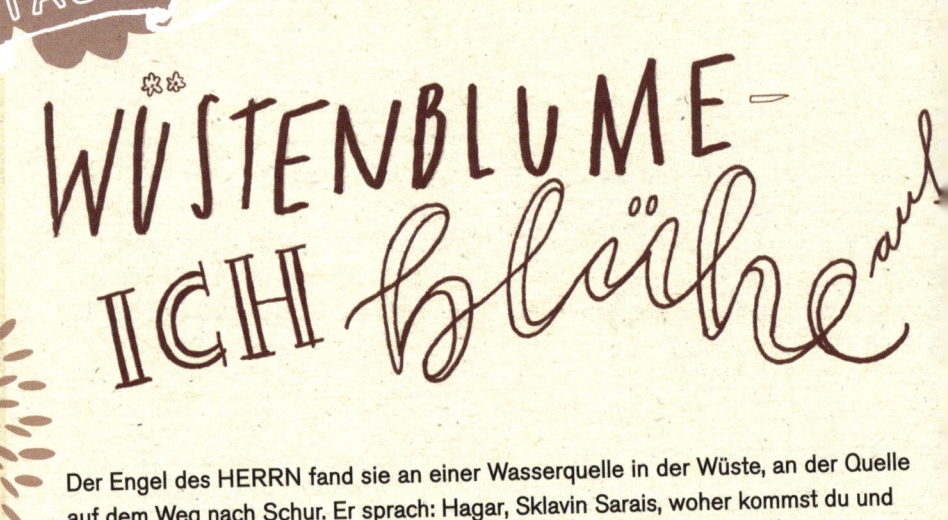

WÜSTENBLUME – ICH blühe auf

Der Engel des HERRN fand sie an einer Wasserquelle in der Wüste, an der Quelle auf dem Weg nach Schur. Er sprach: Hagar, Sklavin Sarais, woher kommst du und wohin gehst du? Siehe, du bist schwanger, du wirst einen Sohn gebären und du sollst ihm den Namen Ismael – Gott hört – geben, denn der HERR hat dich in deinem Leid gehört. Da nannte sie den Namen des HERRN, der zu ihr gesprochen hatte: Du bist El-Roï – Gott schaut auf mich –. Deswegen nennt man den Brunnen Beer-Lahai-Roï – Brunnen des Lebendigen, der auf mich schaut –. [Genesis 16,7–8.11.13–14]

Wüste Eine Wüstenlandschaft ist trocken, weitläufig, heiß, unfruchtbar und zum Teil auch beängstigend. Es fehlt an erfrischendem Wasser und Orientierungspunkten. Überall Sand und trockene Erde. Das Überleben wird zum Kampf und zur Herausforderung.
Wüstenzeiten sind Zeiten des Ausgedorrt-Seins und der Kraftlosigkeit.
Wüstenzeiten sind aber auch Zeiten der inneren Wachsamkeit und der Aufmerksamkeit für das Wesentliche; es sind Zeiten, in denen Sinn- und Überlebensfragen in den Mittelpunkt rücken.
Die nun vor mir liegenden Tage sind Chancen, mir existentielle Fragen zu stellen: Woher komme ich und wohin gehe ich?
Aus welchen Quellen nähre ich meinen Durst?
Wo finde ich Orientierung, die mich im Leben voranbringt?
Die Wüste lebt, wenn Regen auf sie fällt. Nichts ist verloren, dort, wo es noch verborgene Quellen gibt.

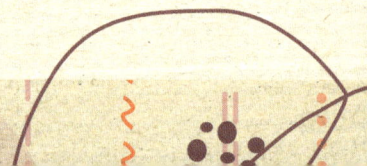

Meine Oase

Ich lasse mich an meiner Gebets-Oase nieder und werde ruhig.
Ich tauche über meinen entspannten Atem wieder in die
Stille meines Seins ein. Wenn ich bei mir selbst angekommen
bin, schaue ich in meine innere Lebenslandschaft:
Welche Bereiche in mir sind ausgetrocknet und verdorrt?
Was möchte in mir aufblühen, bekommt aber zu wenig
Zuwendung und Nahrung?
Ich stelle mir vor, wie das Verdorrte in mir durch meine liebe-
volle Zuwendung aufblüht. Ich richte mich daran auf.

Die Rose von Jericho ist auf den ersten Blick ein verdorrtes Stück Natur.
Ihr fehlt die erfrischende Nahrung. Aber im Verborgenen lebt sie noch.
Wenn sie mit Wasser in Berührung kommt, wenn sie ihren Durst stillt,
dann wird sie allmählich lebendig und richtet sich aus der verdorrten
Position auf – dem Leben entgegen! Vielleicht möchte ich dieses kleine
Wunder selbst erleben und mache mich deshalb auf die Suche nach
der Rose von Jericho – in mir.

carpe
diem
ergreife die CHANCE!

dort am Brunnen der Lebendigkeit
schöpfe ich aus der Tiefe
Erfrischendes und Nahrhaftes
netze meinen Gaumen
und blühe auf
Wüstenblume bin ich
schaue berührt zu
wie ich an Schönheit wachse

TIEF in mir

VERBORGEN

Meine Oase

In meiner innersten Kammer bereite ich mich auf ein Gespräch mit mir selbst und mit Gott vor. Ich komme in mir selbst zur Ruhe und versuche dabei meine Kammer von Aspekten zu befreien, die mich vom wesentlichen Gespräch abhalten könnten: Unruhe, abschweifende Gedanken, Ungeduld – ich nehme sie wahr und begleite sie aus meiner Kammer hinaus. Dann schau ich mich um in meinem inneren Raum. Da gibt es viele Kostbarkeiten, Werte und Seiten in mir, die mir irgendwann wertvoll geworden sind, die ich aber aus den Augen verloren habe. Ich schau alles an, nehme es mir zu Herzen und finde dabei das „Gelbe vom Ei", das, was alles Leben in sich birgt: Leben, das mich erfüllt, wenn ich es bewusst in mir lebendig halte.

Ich nehme ein rohes Ei vorsichtig in meine Hand. Ich spüre die entstehende Wärme, wenn ich es halte. Unter der feinen Schale befindet sich der fruchtbare Kern – eine Flüssigkeit, die alles in sich enthält, was Leben spenden kann. Aus diesem Ei kann, wenn es befruchtet wird und es die nötige Nestwärme erhält, ein Küken, ein zartes Lebewesen werden.

Das fruchtbare „Gelbe vom Ei" ist auch in mir. Aus meinen innersten Schätzen kann mir eine neue Lebendigkeit erwachsen, wenn ich sie befruchte und ihnen die nötige Wärme spende.

Bin ich dazu bereit?

Du aber, wenn du betest, geh in deine Kammer, schließ die Tür zu; dann bete zu deinem Vater, der im Verborgenen ist! Dein Vater, der auch das Verborgene sieht, wird es dir vergelten. [MATTHÄUS 6,6]

Ein gutes Gespräch Für ein gutes Gespräch, das mich berührt und aufweckt, braucht es einen guten Ort, eine gute Zeit und ein hörendes Herz. Gespräche zwischen Tür und Angel, mitten im Getrieben-Sein, sind meist nicht befriedigend und führen oft ins Leere. Gott ist immer bereit für ein wesentliches Gespräch – bin ich es auch?
Ich kann mich bereithalten, indem ich mich aus dem Alltagsgeschehen ausklicke und bei Gott einlogge. Das Passwort lautet: offene Bereitschaft. Ich höre hin, in mich hinein, um mich herum. Dabei entdecke ich vielleicht leise Stimmen aus mir, die mich zu verborgenen Seiten in mir begleiten und mich für mein inneres Farbenspektrum öffnen.

ich halte dir Gott
der Lebendigen
dem Lebendigen
mein Innerstes hin
zart und zerbrechlich

carpe diem
ergreife die CHANCE!

in deinen Händen entsteht die Wärme
die mich ins Leben liebt
mein goldenes Ich zum Leuchten bringt
mich aus meiner Kammer lockt

mein spirituelles PROVIANT

★ ★ ★ ★ ★ ★ ★ ★ ★ ★ ★ ★ ★ ★ ★ ★

Meine Oase

Heute schaue ich mal ganz neugierig in meine Handtasche. Was trage ich so alles mit mir herum? Stück für Stück nehme ich meine (vermeintlichen?) Schätze unter die Lupe. Was ich doch alles mit mir herumschleppe:

Nützliches und Unnötiges,

Liebgewonnenes und beinahe Vergessenes,

Wichtiges und Unwichtiges.

Was mir da alles entgegenkommt:

Mein Portemonnaie mit Führerschein, ohne komme ich nicht weit.

Den Haustür- und Büroschlüssel. Ohne sie gibt es keine Privat- oder Arbeitssphäre.

Taschentücher – für alle Notlagen.

Ein Kugelschreiber für lebensnotwendige Notizen.

Meine Jahreskarte für den Bus, damit ich sicher und umweltschonend ankomme.

Etwas Wasser gegen den Durst …

Erstaunlich, was ich alles benötige, um die 11 km zwischen meiner Wohnung und dem Büro zurückzulegen! Mit Vertrauen geht da scheinbar gar nichts.

Was befindet sich in Ihrer Handtasche?

Was gilt es zu entsorgen?

★ ★ ★ ★ ★ ★ ★ ★ ★ ★ ★ ★ ★ ★ ★ ★

Jesus gebot ihnen, außer einem Wanderstab nichts auf den Weg mitzunehmen, kein Brot, keine Vorratstasche, kein Geld im Gürtel, kein zweites Hemd und an den Füßen nur Sandalen. [MARKUS 6,8–9]

Gepäck Ganz ehrlich, ich schaffe es nicht wirklich, mit leichtem Gepäck zu verreisen. Oft ist mein Koffer schwer und für alle Eventualitäten ausgerüstet: Frau weiß ja nie!

Mit einem Wanderstab bin ich allerdings immer dann unterwegs, wenn ich in die Berge gehe: um Kraft zu sparen, um mich abzustützen. Zumeist trage ich aber doch wenigstens die Wasserflasche und einen Apfel bei mir. Sicher ist sicher.

Jesus fordert mehr: Er fordert riesengroßes Vertrauen. Ohne Rucksack oder Handgepäck soll ich mich auf den Weg machen. Vertrauen und Zuversicht genügen als meine Wegbegleiter, ganz nach Psalm 23,4: „Dein Stock und dein Stab, sie trösten mich."

Ich schreibe mir ein paar Dinge und Begriffe bzw. Eigenschaften auf, die ich als lebensnotwendig einstufe, um diese Fastenzeit bis Ostermontag gut begehen zu können.
Auf meiner besinnlichen Reise kann ich immer wieder mal Halt machen und nachschauen, ob ich das richtige Reisegepäck auf meinen Weg mitgenommen habe.
Jesus schickte seine Jünger zu zweit auf den Weg. Vielleicht mag ich ja auch eine Reisebegleitung für diese Wegstrecke mitnehmen? Wer eignet sich für diese spirituelle Reise?

mit Vertrauen im Gepäck
himmlische Begegnungen machen
mit einem Engel an meiner Seite
geht es sich leichter
Flügel ausbreiten und abheben
sicheren Fußes jegliches Hindernis überspringen
und das Leben genießen

carpe diem ergreife die CHANCE!

Und sogleich trieb der Geist Jesus in die Wüste. Jesus blieb vierzig Tage in der Wüste und wurde vom Satan in Versuchung geführt. Er lebte bei den wilden Tieren und die Engel dienten ihm. [MARKUS 1,12-13]

Wüste Bevor Jesus sich an die Öffentlichkeit wagt und sein Innerstes nach außen kehrt, wird er vom Geist an den einsamsten Ort geführt, in die Wüste. Dieser Geist kennt sich aus mit Herz und Seele. Er weiß, dass Jesus sich zunächst in aller Ruhe gewiss sein muss, wozu er wirklich berufen ist; was ihm ehrlich am Herzen liegt. Denn jeder Mensch, der eine große, sehr persönliche und sehr tief empfundene Botschaft verbreitet, wird auf Widerstand stoßen. Um abgehärtet und geerdet zu sein, muss Jesus sich mit sich selbst, den wilden Tieren und den Stimmen in sich, auseinandersetzen und konfrontieren. Gezähmt werden seine Zweifel und Aber-Geister durch Engel, die ihm dienen: Sie flüstern ihm die himmlische Zuversicht ein, dass Gott mit ihm unterwegs sein wird. Gemeinsam und mit der göttlichen Kraft verbunden, wird er seiner Berufung gerecht.

ICH MACHE MICH auf meinen Weg

Meine Oase

Ich ziehe mich an einen stillen Ort zurück, mit einem Bild von einem himmlischen Boten (Engel) oder einer Landschaft, die mich zur Ruhe führen kann. Mit dieser Stärkung kann ich mich vorübergehend in die Einsamkeit und Stille zurückziehen.

Ich lasse mich nieder, atme tief und regelmäßig ein und aus.

Ich kann, wenn es mich unterstützt, das mitgebrachte Bild näher anschauen und auf mich wirken lassen. Ich betrachte die Atmosphäre, den Gesamtausdruck, die Farben und Formen … und nehme sie mit in die Stille. Ich höre in mich hinein, ob sich Gedanken oder Bilder in mir formen, die zu mir sprechen.

Ich höre hin. Vielleicht führen sie mich zu mir selbst, in meine Mitte, zu meiner eigenen Berufung.

Wer bin ich denn wirklich?

Was ist meine Herzens-Botschaft?

Welche Widerstände und Aber-Geister halten mich von meinem eigentlichen Weg ab?

Ich nehme mir Zeit für die Antworten, lasse sie in mir entstehen und zu Wort kommen. Ich habe dazu die nächsten 40 Tage und darüber hinaus Zeit.

in der Stille
werde ich unruhig
innere Stimmen knurren wie Wölfe
fletschen ihre Zähne
beißen sich selbst in den Schwanz

in der Ruhe
tauchen Engel in mir auf
breiten ihre Flügel aus
im zarten Flügelschlag
vernehme ich den Geist meiner Seele
lege ihn behutsam an mein Herz
und höre in jedem Herzschlag
die göttliche Stimme
zum Aufbruch rufen

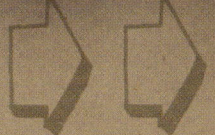

Die Zeit ist erfüllt, das Reich Gottes ist nahe.
Kehrt um und glaubt an das Evangelium! [MARKUS 1,15]

ich genieße meine erfüllte ZEIT

Erfüllte Zeit – der Kairos. Himmel und Erde berühren sich, eine Hoch-Zeit, eine Zeit inniger Verbundenheit beginnt.

Erfüllte Zeit – Glück und Zufriedenheit vermählen sich und ein Glückskind wird geboren.

Erfüllte Zeit – die goldene Mitte, der göttliche Kern strömt eine Zuversicht und Geborgenheit aus, die mein ganzes Sein und Erleben erhellt und beheimatet.

Erfüllte Zeit – Freude und Lebendigkeit verschmelzen im Tanz der Sinnlichkeit.

Gott wird Mensch in mir und gebiert ein ganzes Universum in meiner persönlichen Welt. Wenn ich bruchstückhaft dieses Wunder der erfüllten Zeit erleben darf, dann bin ich eine Bekehrte, ein Bekehrter. Dann finde ich zu tiefem Glauben an die Frohbotschaft und kehre der unerfüllten Zeit den Rücken zu.

Meine Oase

Im täglichen Strudel der unterschiedlichsten Anforderungen ist es nicht leicht, Zeit zu finden, die erfüllt (und nicht überfüllt) ist. Ich halte inne und schenke mir selbst ein wenig Zeit.

Zeit, die Pflichten hinter mir zu lassen.
Zeit, durchzuatmen.
Zeit, die Augen zu schließen.
Zeit, meine Muskeln zu entspannen.
Zeit, zu träumen.
Zeit, meinen erfüllten Zeiten nachzuspüren:
    Wann war ich zuletzt tief erfüllt?
    Wann habe ich mich zuletzt himmlisch, ja göttlich gefühlt?
    Wann habe ich etwas unternommen, was mich erfreut hat?
    Zu welchen Zeiten bin ich wunschlos glücklich?
Zeit, mich für Gutes und Erfülltes zu bedanken.
Zeit, mich mit Gottes liebevollen Augen zu betrachten.

Wenn meine Zeit dafür reif ist, dann atme ich drei Mal tief durch, öffne meine Augen und gehe mit diesen offenen Augen entspannt und erfüllt an mein Tagwerk.

TAG 6

in der Zeit
der Liebe
erfüllt sich
meine tiefste Sehnsucht

tanzend vor Glück
umarme ich das Leben
öffne mich
und kehre mein Innerstes dir zu

carpe diem
ergreife die CHANCE!

Ich folge dir nach ...
ans andere Ufer

Als Jesus am See von Galiläa entlangging, sah er Simon und Andreas, den Bruder des Simon, die auf dem See ihre Netze auswarfen; sie waren nämlich Fischer. Da sagte er zu ihnen: Kommt her, mir nach! Ich werde euch zu Menschenfischern machen. Und sogleich ließen sie ihre Netze liegen und folgten ihm nach. Als er ein Stück weiterging, sah er Jakobus, den Sohn des Zebedäus, und seinen Bruder Johannes; sie waren im Boot und richteten ihre Netze her. Sogleich rief er sie und sie ließen ihren Vater Zebedäus mit seinen Tagelöhnern im Boot zurück und folgten Jesus nach. [MARKUS 1,16-20]

wenn du mich herausholst
aus meiner Routine
mich neu aufstellst
mir einen weiten Horizont eröffnest
mit mir am Ufer entlanggehst
mir Worte schenkst
die mich aus der Tiefe deines Seelengrundes
mitten ins Herz treffen
mit mir gemeinsam den nahrhaften Fisch isst
dann versteh ich warum ein Neuanfang leicht fällt
du fischst nicht im Trüben
sondern in der reinen Quelle

carpe diem
ergreife die CHANCE!

Menschenfischer Jesus sieht vier starke Männer ihre tägliche Arbeit verrichten und fordert sie auf, alles stehen und liegen zu lassen und ihm zu folgen. Eigentlich eine Frechheit. Er holt sie mitten aus ihren routinemäßigen Verpflichtungen heraus. Menschenfischer will er aus ihnen machen. Was soll das? Als Fischer verdienen sie ihr Leben damit, Fische zu fangen und zu verkaufen. Was sollen sie denn mit Menschen machen, wenn sie ihnen ins Netz gegangen sind? Wie könnten sie davon leben und ihre Familien ernähren?

Schon fast unglaublich, was da gerade abläuft! Ich habe doch wirklich Besseres zu tun, als mitten in meinem vollen Alltag alles liegen zu lassen und einem charismatischen Menschenfischer zu folgen! Was müsste er mir denn für ein Angebot machen, dass ich ihm blindlings vertraue?

Meine Oase

Ich nehme mir heute so viel Zeit, dass ich entweder real oder auf meiner inneren Bühne an einem Seeufer entlanggehe. Mein Schritt ist langsam, mein Atem kommt und geht mit mir. Er ist angepasst an das sanfte Rauschen des Wassers. Meine Belastungen und Verpflichtungen lasse ich wie ein kleines Papierschiffchen auf dem Wasser dahinschwimmen. Ich beobachte diese täglichen Anforderungen dabei, wie sie vom Strand weggetragen werden. Ich selbst bleibe zurück. Fest verwurzelt auf der Erde, aber mit jedem Ausatmen leichter. Meine Gedanken befreien sich im Blick auf den Horizont. Freiheit schmecken, Freiheit fühlen – wie den sanften Wind auf meiner Haut. Es könnte befreiend sein, einem Menschenfischer ins Netz zu gehen und von seiner tief verwurzelten Freiheit aufgefangen zu werden.

ich stehe AUF ins Leben

Sie verließen sogleich die Synagoge und gingen zusammen mit Jakobus und Johannes in das Haus des Simon und Andreas. Die Schwiegermutter des Simon lag mit Fieber im Bett. Sie sprachen sogleich mit Jesus über sie und er ging zu ihr, fasste sie an der Hand und richtete sie auf. Da wich das Fieber von ihr und sie diente ihnen.
[MARKUS 1,29-31]

TAG 8

Meine Oase

Ich lege mich auf eine sichere Unterlage, vielleicht sogar auf den Boden – der Länge nach, so groß und lang wie ich bin, mit meinem ganzen Gewicht und Wert. Ich spüre den Boden unter mir als Sicherheit, als festen Grund. Ich nehme achtsam wahr, wie meine Füße, mein Becken, mein Rücken, meine Schultern, meine Arme und Hände, mein Kopf den Boden berühren. Ich atme tief und beruhigt über meinen ganzen Körper in den tragenden Untergrund. Ich bin getragen. Da gibt es eine Kraft, die mich (er-)trägt, auffängt. Ich kann alles loslassen, was ich mit mir herumtrage:
Ängste – atme ich aus
Zweifel – atme ich aus
Verunsicherungen – atme ich aus
Zu hohe Erwartungen – atme ich aus

Aufrichten Vom See hinein in die Synagoge zum Gebet und dann ins Haus der Neuberufenen. Alles geht sehr schnell. Die vier Männer öffnen sich ganz für Jesus, zeigen ihm ihre Privatsphäre, holen ihn zum gemeinsamen Mahl. So schnell sind sie zutraulich. Bei mir dauert es wesentlich länger, bis ich jemanden in meine Seelenräume einlade oder zum Essen eingeladen werde. Man muss sich schon zuerst vertraut machen und gewisse Vertrauens-erweise erbracht haben, um aufgenommen zu werden. So schnell geht das heutzutage nicht, jedenfalls nicht in meinem Umfeld. Die Hürde ist noch größer, wenn jemand im Haus krank ist, viel-leicht sogar ansteckend. Das birgt doch eine zu große Gefahr in sich. Ich könnte anschließend selbst schwächeln, meine Arbeit vernachlässigen oder gar ganz ausfallen.

Jesus ist da ganz anders. Er hört, dass die Frau des Hauses krank ist, mit lähmendem Fieber daliegt und packt sofort zu – ohne lange quälende Gedankenmarathons des Abwägens, Zweifelns, Abgrenzens, Sich-Schützens oder Verniedlichens. Er geht zu ihr, fasst ihre heiße, schlaffe Hand und richtet sie so in ihrer Kraft und Würde auf, dass alles Beängstigende, Lähmende, Verzweifelnde, Beengende aus ihr weicht. Sie steht auf ins Leben und stellt sich in seinen Dienst – wie ihr Schwiegersohn folgt sie Jesus sofort, ohne Umschweife: ohne Wenn und Aber.

carpe diem ergreife die CHANCE!

Wenn ich mich so von Belastungen freier gemacht habe, atme ich be-wusst frischen Wind ein. Mit jedem Atemzug nehme ich die Kraft des Auferstandenen in mich auf. Ich richte mich, Atemzug um Atem-zug, innerlich auf, werde kräftiger, stärker, sicherer. Ich lenke meine innere Ausrichtung mitten ins Leben. Ich erweise mir dabei selbst den größten Dienst: Ich werde selbst zur/ zum Auferstandenen mitten in mein individuelles und ganz persön-liches Leben hinein.

ICH BESIEGE DAS

Am Abend, als die Sonne unterge
gangen war, brachte man alle
Kranken und Besessenen zu Jesu
Die ganze Stadt war vor der Haus
tür versammelt und er heilte viele,
die an allen möglichen Krankheite
litten, und trieb viele Dämonen au
Und er verbot den Dämonen zu
sagen, dass sie wussten, wer er w
[MARKUS 1,32-34]

aber ABER aber!

Wunderheiler Wie ein Lauffeuer hat es sich herumgesprochen,
dass dieser Menschenfischer die Ärmel hochkrempelt und
zupackt. Er fackelt nicht lange, sieht die Bedürftigkeit und
reagiert. Kranke, Besessene und Schaulustige – alle
versammeln sich vor der Haustür. Da gibt es keinen Schutz,
keine Abgrenzung mehr. So einen Menschen brauchen wir, der
uns heilt und neu ausrichtet. Was sehen sie in ihm?
Einen Wunderheiler, einen Selbstbedienungsladen, einen
Exorzisten, einen Magier? Ausgerechnet die Dämonen, jene,
mit denen wir alle nichts zu tun haben wollen; jene, die nur
belasten, herumschreien und um sich schlagen, die besetzen
und zerstören ... Diese undefinierbaren und unerklärlichen
Dämonen und Aber-Geister, ausgerechnet diese Dämonen
wissen, wer er ist, aus welcher Kraft er das Heil zu bringen
vermag. Aber sie dürfen es nicht ausplaudern, welche positive,
göttliche Macht er hat, er will das nicht.

Auf YouTube finde ich viele Versionen eines kraftvollen Liedes: „Mother I feel you under my feet". Die für mich wirkungsvollste Version spiele ich ab und stampfe mit aller Kraft und Klarheit in den Boden – nicht wie ein wirkungsloses Rumpelstilzchen, sondern wie eine befreite Prinzessin oder ein kräftiger Prinz. Mit jedem Stampfer werden meine guten Geister mächtiger und die fesselnden Gedankenspiralen der Aber-Geister ohnmächtiger.

carpe diem ergreife die CHANCE!

Meine Oase

Ich stelle mir diesen Aber-Geist oder – biblisch ausgedrückt – diesen Dämon mal als Karikatur seiner selbst vor. Überzogene Züge, eigentlich eine lächerliche Gestalt, ein Hirngespinst vielleicht, das ich aus kritischer Distanz eher bemitleide. Mir hilft da die Vorstellung des Rumpelstilzchens aus dem gleichnamigen Märchen der Gebrüder Grimm. Ein kleines Männlein, das ganz teuflisch durchtrieben ist. Zu seiner Aufwertung sucht er nach dem, was einem anderen das Liebste und Wertvollste ist, und möchte es für sich selbst. Listig und bösartig geht er ans Werk … und vergisst dabei seine eigene Schwäche. Ist diese entlarvt – die Prinzessin schafft es, hinter seine vermeintliche Macht in die Ohnmacht zu blicken –, so ist seine gespielte Kraft bereits entkräftet. „Ach wie gut, dass niemand weiß, dass ich Rumpelstilzchen heiß!" Wenn ich dieses kleine dämonische „Stilzchen" erst demaskiert und durchschaut habe, dann verliert es jegliche Macht über mich. Da ist das rumpelnde Schauspiel eines vor Wut platzenden Zwergleins genau das: ein ohnmächtiges Treiben. „Aber, aber!" sage ich noch, atme tief durch und wende mich meinen guten Geistern und aufbauenden Gedanken zu.

ICH berührt WILL werden

Ein Aussätziger kam zu Jesus und bat ihn um Hilfe; er fiel vor ihm auf die Knie und sagte: Wenn du willst, kannst du mich rein machen. Jesus hatte Mitleid mit ihm; er streckte die Hand aus, berührte ihn und sagte: Ich will – werde rein! Sogleich verschwand der Aussatz und der Mann war rein. Jesus schickte ihn weg, wies ihn streng an und sagte zu ihm: Sieh, dass du niemandem etwas sagst. […] Der Mann aber ging weg und verkündete bei jeder Gelegenheit, was geschehen war; er verbreitete die Geschichte, sodass sich Jesus in keiner Stadt mehr zeigen konnte; er hielt sich nur noch an einsamen Orten auf. Dennoch kamen die Leute von überallher zu ihm. [MARKUS 1,40-45]

Rein Ich möchte rein sein – mach mich rein! Die Frage der Reinheit ist eine uralte und zutiefst verstörende. Reinigungsgesetze haben damals genau vorgeschrieben, wer berührt werden darf, wie man sich rituell reinigen muss, wer sich im Tempel aufhalten darf etc. Bin ich rein? Nichts, was von außen auf den Menschen einströmt, macht ihn unrein. Was bedeutet also Reinheit des Herzens, der Gedanken, des Wollens und Tuns?

Ein Aussätziger wird durch eine ansteckende Krankheit aus der sozialen Beziehungswelt ausgeschlossen. Er wird unberührbar, ist damit unmenschlich isoliert. Um zu leben, will er rein und berührbar werden. Er traut Jesus zu, dass er ihm ein Leben in Freiheit zurückgeben kann. Wenn du willst, sagt er zu Jesus, dann werde ich rein. Jesus berührt ihn und überschreitet dabei die Gesetze und Regeln der Reinheit. „Ich will es. Werde rein!" Und der Mann ist gesund und kann sich in die Gesellschaft eingliedern. Ob sie ihn reinen Herzens aufnimmt und wie ihresgleichen behandelt? Oder bleiben Grenzen, Vorurteile und Ablehnung zurück? Reinheit des Geistes und des Herzens: Das will ich – über alle vermeintlichen Grenzen hinweg.

Meine Oase

Ich suche mir einen einsamen Ort, der mir Schutz
bietet. Schutz vor Ausgrenzungen, zu hohen Erwartungen,
Grenzüberschreitungen, „unreinen" Gedanken. Es ist
ein Ort, wo ich mich selbst gut annehmen kann, mit all meinen
Grenzen und Unvollkommenheiten.
Ich lasse mich in einer Haltung nieder, die mir Geborgenheit
vermittelt. Ich kann mir vorstellen, dass ich mich an einer
mir wertvollen Person anlehne oder ich lehne mich im Stuhl oder
an einem Baum zurück, entspanne. Ich bin geborgen.
In diesem geschützten Raum kann ich Jesus, Gott oder einer
Vertrauensperson im Gespräch (Gebet) meine Unvollkommenheit,
meine Wunden hinhalten.
Ich will … mich annehmen, mit meiner Bruchstückhaftigkeit,
mit meiner Unvollkommenheit, mit meiner Unberührbarkeit …
Ich will … mich annehmen, mit meiner Fülle an Gaben,
mit meiner Lebendigkeit, mit meiner Berührbarkeit,
mit meiner momentanen Befindlichkeit …
Ich will es … und ich werde es …

du greifst nach mir
machst mich berührbar
und befreist ins Leben
ich greife nach dir
und berühre dich
wir atmen befreit auf

carpe diem
ergreife die CHANCE!

ICH BIN

gesund

UND

heil

TAG 11

carpe diem · ergreife die CHANCE!

Ich mache ein Plakat mit Fotos, Symbolen, Gedanken, Erinnerungen von dem, was in meinem Leben „gesund und heil" ist. Ich führe es mir selbst vor Augen. Es gibt bei aller Bedürftigkeit und Sehnsucht in mir einen gesunden Bereich. Es ist gut, mich selbst daran zu erinnern.

Jesus ging wieder hinaus an den See. Da kamen Scharen von Menschen zu ihm und er lehrte sie. Als er weiterging, sah er Levi, den Sohn des Alphäus, am Zoll sitzen und sagte zu ihm: Folge mir nach! Da stand Levi auf und folgte ihm nach. Und als Jesus in dessen Haus zu Tisch war, da waren viele Zöllner und Sünder zusammen mit ihm und seinen Jüngern zu Tisch; es waren nämlich viele, die ihm nachfolgten. Als die Schriftgelehrten der Pharisäer sahen, dass er mit Zöllnern und Sündern aß, sagten sie zu seinen Jüngern: Wie kann er zusammen mit Zöllnern und Sündern essen? Jesus hörte es und sagte zu ihnen: Nicht die Gesunden bedürfen des Arztes, sondern die Kranken. Ich bin nicht gekommen, um Gerechte zu rufen, sondern Sünder. [MARKUS 2,13–17]

Meine Oase

Vorbeugen ist besser als heilen. In mich schauen, hinspüren, die Sprache der
Seele und des Körpers wahr- und ernstnehmen ist der Weg zur Gesundheit.
Ich setze mich in eine entspannte Haltung. Ich atme tief in meine Bauchmitte
und aus ihr hinaus. Ich werde dabei ruhiger und gegenwärtiger.
Ich fange an, in mich hineinzuhorchen.
Gibt es Misstöne in mir? Gibt es Dissonanzen?
Was tut mir weh: Ist es verspannt, nervös, unruhig?
Welche Gedanken betrüben oder schwächen mich?
Ich spüre hin, ich höre hin. Ich öffne mein Herz und halte meine Bedürftigkeit
Jesus, dem Arzt und Therapeuten, hin. Er versteht. Er schaut achtsam nach mir
und fragt mich in aller Ernsthaftigkeit: Was willst du, das ich dir tue?
Über meine Offenheit und meine Achtsamkeit finde ich eine Antwort.

Folge mir nach Jesus zog Scharen von Menschen an. Auch hier
fällt auf, dass er mit seiner Ausstrahlung und seinem Wesen
keine Überzeugungsarbeit leisten muss, um andere auf seinen Weg
zu führen. „Folge mir nach!" klingt fast so wie „Sesam öffne dich!" –
ein neuer Lebensbereich eröffnet sich, wenn die Entscheidung
getroffen wird, ihm zu folgen. Wann hole ich mir Unterstützung
oder gar Hilfe? Zumeist in äußerster Not; davor versuche ich noch,
mit allen mir zur Verfügung stehenden Mitteln, das Problem allein
zu lösen, das Hindernis allein aus dem Weg zu schaffen. Erst wenn
der Leidensdruck zu groß ist, schaue ich mich um und überlege,
wer mir helfen könnte.
Solange ich mich gesund und heil fühle … solange schaue ich
mich nicht um. Aber dann, wenn es bei mir kränkelt und der
Hut brennt, wenn die eigenen Kräfte versagen, dann suche ich
einen Arzt. Jesus ist so ein Arzt. Er wird aufgesucht und er
wählt aus, wen er zu sich selbst, in seine Mitte, führen will. Mich.

ICH

gönne mir

PAUSEN

Sabbat Der Sabbat ist heilig. Ein Tag in der Woche ist mir heilig. In unserem Kulturkreis ist es der Sonntag. An diesem Tag sollte ich nicht arbeiten, sondern zur Ruhe kommen. In einer so hektischen Zeit, einer Zeit der Pausenlosigkeit, die bis zur Kurzatmigkeit und Atemlosigkeit geführt hat, ist es lebensrettend, Pausen wirklich real einzuhalten. Die Pause soll mir dazu dienen, dass ich innerlich und äußerlich zur Ruhe komme. Dabei gibt es keine verbindlichen Regeln, wie ich meine Ruhephasen gestalte. Ich kann, wenn es meiner Seele gut tut, auch Ähren pflücken. Aber es bleibt die Regel: Mein Körper, meine Seele, mein ganzes Sein benötigt regelmäßige Auszeiten und Atempausen! Je mehr Stress und Anforderungen mich dahintreiben, desto längere und erholsamere Pausen benötige ich. Das ist Gottes Wille: dass ich mir Ruhezeiten erlaube und sie genieße – ohne Leistungsdruck und Erfolgszwang … zwanglos und sinnstiftend.

An einem Sabbat ging er durch die Kornfelder und unterwegs rissen seine Jünger Ähren ab. Da sagten die Pharisäer zu ihm: Sieh dir an, was sie tun! Das ist doch am Sabbat nicht erlaubt. Er antwortete: Habt ihr nie gelesen, was David getan hat, als er und seine Begleiter hungrig waren und nichts zu essen hatten, wie er zur Zeit des Hohepriesters Abjatar in das Haus Gottes ging und die Schaubrote aß, die außer den Priestern niemand essen darf, und auch seinen Begleitern davon gab? Und Jesus sagte zu ihnen: Der Sabbat wurde für den Menschen gemacht, nicht der Mensch für den Sabbat. Deshalb ist der Menschensohn Herr auch über den Sabbat. [MARKUS 2,23-28]

Meine Oase

Wo befinde ich mich jetzt gerade? Ist der Ort, an dem ich diese Zeilen lese ein für mich erholsamer Platz? Oder zwänge ich dieses Lesen gerade zwischen verschiedene Aufgaben und stopfe die Impulse in mich hinein, wie ein kaltes, abgestandenes Sandwich?
Wie ernst nehme ich mein inneres Verlangen nach Ruhe und Entspannung? Ist mir bewusst, was mich am nachhaltigsten in einen erholten, heilen Zustand bringt und eine Zeit lang auch darin hält?
Wo auch immer ich jetzt gerade bin, ich atme tief durch. Mit jedem Atemzug atme ich einen wohltuenden Duft oder eine wärmende Farbe oder einen harmonischen Klang in mich ein. Mein Körper und meine Seele nehmen diese positiven Impulse auf. Beim Ausatmen schaffe ich bewusst Raum für den nächsten Atemzug, der mit positiven Bildern gefüllt ist.
Ich nähre meine Seele mit heilsamen Impulsen.

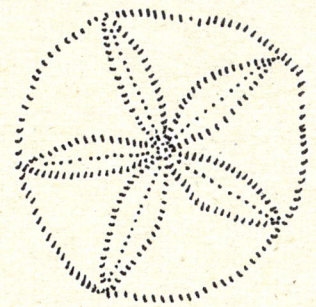

zur Ruhe kommen
den Wind in den Ähren flüstern hören
dem sanften Gurgeln der Quelle lauschen
die Schwingen der Vögel flattern hören
den Weg der Wolken am Himmel verfolgen
das genüssliche Summen der Bienen wahrnehmen
die wärmende Sonne auf der Haut spüren
das Moos unter meinen Füßen wie einen Teppich berühren
meinen Herzschlag pochen hören
und wissen
es ist sehr gut

carpe diem
ergreife die CHANCE!

ICH ESSE
MIT
Genuss

Meine Oase

Was habe ich heute bereits gegessen
oder was möchte ich heute noch kochen?
Was ist meine Lieblingsspeise?
Ernähre ich mich regelmäßig und gesund?
Wann habe ich das letzte Mal mit
lieben Menschen genüsslich gespeist?
Ich kann mir heute den Luxus gönnen
und mein Brot selber backen. Der ganze
Prozess dauert ca. 2,5 bis 3 Stunden.
Dazwischen kann ich kreativen Arbeiten
nachgehen oder mir eine Auszeit gönnen.
Wenn es ausgekühlt ist, belohne ich mich
mit der Herzhaftigkeit der ersten Bissen
ins frische Brot! Das macht Spaß!

TAG 13

meine Hände formen
mein Segen speist
mein Brot ist dir sinnlicher Ge

Jesus ging in ein Haus und wieder kamen so viele Menschen zusammen, dass sie nicht einmal mehr essen konnten. Als seine Angehörigen davon hörten, machten sie sich auf den Weg, um ihn mit Gewalt zurückzuholen; denn sie sagten: Er ist von Sinnen. [MARKUS 3,20-21]

Burnout Dieser Wanderprediger, der Sohn Marias, er ist von Sinnen. Der hat nicht mehr alle Tassen im Schrank! Ständig arbeitet er bis zum Umfallen, versucht alle Anfragen von außen zu befriedigen und kommt nicht einmal mehr dazu, vernünftig zu essen! Wenn er mein Sohn wäre, würde ich ihm die Leviten lesen, seinen Kopf zurechtrücken!

Das gab es also schon damals, dass sich ein Mensch selbst vergaß, seine Aufgabe und seine Pflichterfüllung an die erste Stelle setzte und die Befriedigung der eigenen Grundbedürfnisse aus den Augen verlor! Kein Wunder, dass seine Mutter ihm Grenzen setzen will, damit er sich nicht verausgabt und in ein Burnout schlittert!

Das ist heute auch nicht viel anders. Der Kampf um das Erfüllen von Aufgaben, um Leistungssteigerung und Bedürfnisbefriedigung fordert das Äußerste von mir. Und alles muss „jetzt sofort" passsieren, Kein Wunder, wenn ich manchmal das Essen und Ausruhen vergesse.

carpe diem *ergreife die* **CHANCE!**

Ich nehme 500 g Vollkornmehl und gebe ein Päckchen Trockenhefe dazu, würze mit Salz und anderen Gewürzen, die ich mag (z. B. Kümmel, Muskatnuss). Ich kann auch Walnusskerne, Sonnenblumenkerne oder Oliven, je nach Lust und Laune, untermischen. Ich gebe ca. 360 ml lauwarmes Wasser hinzu und knete den Teig – so lange es mir Freude bereitet. Man kann sehr gut seine angestaute Wut oder den vorhandenen Ärger reindrücken! Dann stelle ich den Teig mit einer Tasse Wasser bei 50 Grad in den Ofen. Ich lasse ihn ca. 40 Min. aufgehen. Danach forme ich den Teig zu kleinen Broten oder fülle ihn in eine Kastenform. Nochmals lasse ich den Teig bei 50 Grad ca. 40 Min. lang aufgehen. Die letzte Runde im Backofen bei ca. 180 Grad dauert je nach gestalteter Form zwischen 30 und 50 Min. Wenn das Brot fertig gebacken ist, lasse ich es ausruhen.

Da kamen seine Mutter und seine Brüder; sie blieben draußen stehen und ließen ihn herausrufen. Es saßen viele Leute um ihn herum und man sagte zu ihm: Siehe, deine Mutter und deine Brüder stehen draußen und suchen dich. Er erwiderte: Wer ist meine Mutter und wer sind meine Brüder? Und er blickte auf die Menschen, die im Kreis um ihn herumsaßen, und sagte: Das hier sind meine Mutter und meine Brüder. Wer den Willen Gottes tut, der ist für mich Bruder und Schwester und Mutter. [MARKUS 3,31-35]

Erwachsen werden Um erwachsen zu werden und meinem inneren Auftrag zu folgen, muss ich mich von meinen Eltern ablösen. Ein schmerzhafter Prozess, der nur Wenigen wirklich gelingt. Auch bei Jesus war es kein Honiglecken. Seine Lebensweise, sein Auftreten, der Widerstand, den er auch auslöste, war für seine Angehörigen ein Dorn im Auge, eine wahre Herausforderung. Sie wehrten sich dagegen, wollten ihn pflegeleicht und unauffällig. Er wollte etwas ganz anderes – nicht aus einem trotzigen Widerstand, sondern aus einer tief empfundenen Berufung heraus. Jesus musste sich hart abgrenzen, um seinen eigenen Weg gehen zu können. Er stieß seine Mutter vor den Kopf, er tat ihr dabei weh. Er muss es tun, denn sonst hätte er seinen Weg zu Gott und den Menschen nicht frei gehen können. Diese Erkenntnis erlaubt auch uns, die Eltern ein Stück weit zurückzulassen, um eigenständige Persönlichkeiten werden zu können. Es fordert uns aber auch bis an die Schmerzgrenze heraus, die eigenen Töchter und Söhne ihre Erfahrungen machen zu lassen und ihrer eigenen Berufung treu zu bleiben.

ICH HABE MICH *lieb*

Meine Oase

Besonders dann, wenn ich mit meinen realen
Eltern nicht zurechtkomme, geht es darum,
meine eigene Mutter- oder Vaterschaft mir selbst
gegenüber zu stärken. Immer dann, wenn
die inneren Elternstimmen mich zurechtweisen
oder gar abweisen, nehme ich mir die Zeit,
mich selbst zu bemuttern. Ich schenke mir
selbst jene zärtliche Fürsorge, die ich vielleicht
von meinen Eltern vermiss(t)e.
Ich nehme mich selbst in den Arm. Ich kann das
real tun, indem ich mich umarme, meinen Kopf
bergend auf meine Schulter lege. Ich fühle die
aufkeimende Wärme und Sicherheit. Berührung
ist Zuwendung. Sie erwärmt mein Herz und
Gemüt. In dieser Haltung darf ich sein, wie und
wer ich bin. Es ist tröstlich, dass ich mich lieb-
haben darf. Es tut gut, dass ich mich mir selbst
liebevoll zuwende. Damit mache ich mich
unabhängig(er) von meinen Eltern und anderen
Bezugspersonen.

ich begegne mir selbst
mütterlich/väterlich
lächle mir wohlwollend zu
streichle meine Seele
berühre mein Innerstes
und atme befreit auf

Ich nehme mir die nötige Zeit und schreibe
die Namen jener Menschen auf, mit denen
ich mich seelenverwandt weiß oder bei denen
ich mich geborgen fühle. Wenn ich in meine
Biografie schaue, dann fallen mir eventuell sogar
Menschen ein, die ich beinahe vergessen hätte,
deren Bezogensein zu mir aber zu einem
früheren Zeitpunkt sehr bedeutungsvoll war.

carpe diem
ergreife die CHANCE!

Der Sämann sät das Wort. Bei anderen fällt das Wort in die Dornen: Sie hören es zwar, aber die Sorgen der Welt, der trügerische Reichtum und die Gier nach all den anderen Dingen machen sich breit und ersticken es und es bleibt ohne Frucht. Auf guten Boden ist das Wort bei denen gesät, die es hören und aufnehmen und Frucht bringen, dreißigfach, sechzigfach und hundertfach. [MARKUS 4,14.18–20]

Sämann Ist mir das Bild eines Sämanns noch vertraut? Habe ich noch Bezug zum Ackerboden? Wer einen eigenen Garten hat weiß, wie beschwerlich das Jäten und Umstechen des Bodens sein kann. Erst wenn alle Energie in die Bodenbereitung investiert ist, ein kleiner Graben für den Samen gezogen ist, kann der Same ausgestreut oder der Setzling eingesetzt werden. Es braucht viele Kräfte, um es dem Samen zu ermöglichen, Wurzeln zu schlagen. Es braucht auch viel Zeit und gute äußere Bedingungen, um das Wachstum zu ermöglichen und zu fördern. In einer Zeit, in der wir kaum mehr Zeiträume erübrigen können, in der wir von einem Ort zum anderen in maximaler Geschwindigkeit rasen und bereits der nächste Termin ruft, ist es zunehmend schwerer, den richtigen Boden zu finden, in dem man Wurzeln schlagen kann oder möchte. Wir sind Getriebene, die im großen Getriebe herumhetzen und herumziehen, ohne einen Ort, an dem das Wort ankommen könnte. Meine Ohren hören Musik, das Piepsen einer ankommenden Mail, SMS oder WhatsApp … Ich bin nicht mehr aufnahmefähig, denn die permanenten Informationen und News überschwemmen mich. Wie kann ich denn Frucht bringen, wenn ich entwurzelt bin?

ICH BIN VERWURZELT UND GEERDE

das Wort des Lebens
befreit und verleiht Flügel
tief verwurzelt strecke ich mich
dem Himmel entgegen
mein Herz jubelt
denn so
findet meine Sehnsucht Gehör

carpe diem
ergreife die CHANCE!

TAG 15

Meine Oase

Wenn es mir möglich ist, gehe ich hinaus in die Natur
und suche mir einen Ort mit frischer Erde. Ich scheue
mich nicht, mir meine Hände schmutzig zu machen.
Ich betaste sie, ich nehme sie in die Hand, forme sie
oder lasse sie durch meine Finger rieseln: Mutter Erde.
Die Erde unter meinen Füßen trägt mich. Sie trägt
meinen Fußabdruck. So wie ich auf ihr stehe und gehe,
steht und geht niemand. Ich stelle mich schulterbreit
hin. Ich nehme innerlich Kontakt auf mit dem Boden
unter meinen Füßen. Ich atme in die Berührung
und Standfestigkeit. Ich stelle mir vor, wie aus meinen
Füßen Wurzeln wachsen, die sich bis zum Kern der
Erde ausweiten. Ich bin standhaft und aufgerichtet.
In dieser Festigkeit kann ich beruhigt mein Herz und
meine Ohren öffnen. Ich höre aufmerksam hin.
Welche Worte oder Bilder steigen jetzt in mir auf?
Welche Botschaft flüstern mir Mutter Erde oder
Vater Himmel zu?
Ich lausche den Worten, die aus meiner inneren
Quelle entspringen.

ICH berühre mich ZART

Hand in Hand
dem Leben zugewandt
bieten wir dem Dunkeln unsere Stirn

Meine Oase

Komm leg mir deine Hände auf, damit ich geheilt werde und am Leben bleibe!
Meine Hände können zum Werkzeug eines lebendig-machenden Geistes werden,
der ins Leben zurückbegleitet. Meine Hände … Ich schaue sie heute intensiv an
und versuche auch Details an ihnen wahrzunehmen. Ich betrachte die Größe
meiner Hände, die Adern, die Furchen, vielleicht kleine Verletzungen. Ich schaue
meine Finger an, die Fingernägel, die Fingerkuppen. Was erzählen sie mir alles?
Wenn ich in meine persönliche Geschichte zurückschaue, was habe ich nicht
schon alles mit meinen Händen erschaffen, erledigt, auf- und abgebaut?!
Ich streichle mit der rechten Hand meine linke. Im zarten Streicheln nehme ich
mein Empfinden dabei wahr. Es entsteht Wärme über diese Berührung.
Menschen sterben allmählich innerlich ab, wenn dieses Berührt-Werden und
Berührt-Sein wegfällt. Es ist gut und heilsam, wenn ich mich selbst bejahend
berühre. Mein Fingerspitzengefühl kann für mich und auch für andere belebend
und bestärkend sein.
Meine Hände sind als Werkzeug Gottes dafür geschaffen, Brücken zu bauen,
das Leben zu ergreifen und in Notlagen zuzupacken. Meine Hände sind
sensible Fühler, die zärtlich und sanft Zuwendung und Liebe ausdrücken und
zum Sprachrohr einer schöpferischen Geistkraft werden.
Jesu Heilkraft ist auch in mir, wenn ich sie aufbauend, stärkend und heilend
einsetze.

Jesus fuhr wieder ans andere Ufer hinüber und eine große Menschenmenge versammelte sich um ihn. Während er noch am See war, kam einer der Synagogenvorsteher namens Jaïrus zu ihm. Als er Jesus sah, fiel er ihm zu Füßen und flehte ihn um Hilfe an; er sagte: Meine Tochter liegt im Sterben. Komm und leg ihr die Hände auf, damit sie geheilt wird und am Leben bleibt! Da ging Jesus mit ihm. Viele Menschen folgten ihm und drängten sich um ihn.
[MARKUS 5,21-24]

Zuwendung Wenn Jesus mit seiner Mannschaft im Boot ist, dann kann er für kurze Zeit mal durchatmen. Er fährt oft von einem zum anderen Ufer. Der charismatische Wanderprediger ist ständig in Bewegung. An keinem Ort kann er sich lange aufhalten, ohne entdeckt und verfolgt zu werden. Die Not Einzelner holt ihn immer in die Bereitschaft zurück, für andere da sein zu müssen. Seine Zuwendung wird zum Lebenselixier für viele. In seinen Händen ruht eine Heilkraft, die Sterbende über die Berührung mit ihm wieder ins Leben zurückruft. In ihm lebt eine Lebendigkeit, die auf andere erfrischend überschwappt.

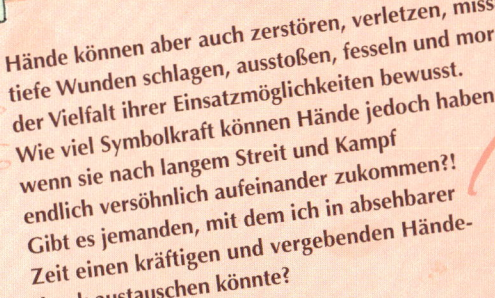

Hände können aber auch zerstören, verletzen, missachten, tiefe Wunden schlagen, ausstoßen, fesseln und morden. Ich bin mir der Vielfalt ihrer Einsatzmöglichkeiten bewusst. Wie viel Symbolkraft können Hände jedoch haben, wenn sie nach langem Streit und Kampf endlich versöhnlich aufeinander zukommen?! Gibt es jemanden, mit dem ich in absehbarer Zeit einen kräftigen und vergebenden Händedruck austauschen könnte?

carpe diem
ergreife die CHANCE!

ich stehe aufrecht zu MIR

Aufstehen Die Zwölfjährige liegt wie tot da. Alle, die sie so sehen, weinen und klagen um sie. Es herrscht eine hysterische Stimmung, die Jesus zu beruhigen versucht. Er weiß, dass sie nur schläft. Sie sind überzeugt, dass er sich irrt und machen sich über ihn lustig. Deshalb wirft er alle Aber-Geister raus und reinigt somit das Umfeld des jungen Mädchens. Er tut das, was auch bei der Schwiegermutter des Petrus geholfen hat: Jesus fasst sie an der Hand und gebietet ihr aufzustehen! Erneut ist diese Vorgehensweise – einerseits die wärmende Berührung, andererseits die Klarheit seiner Aufforderung – lebensspendend. Sie, das namenlose Mädchen, steht auf und bewegt sich wieder. Sie steht auf ihren eigenen Füßen und nimmt Raum ein. Jesus ist ebenso klar, wenn er ihr aufträgt zu essen. Damit holt er sie in einen gesunden Biorhythmus hinein. Jesus weiß, dass es in mancher Familienstrukturen gar nicht so leicht ist, am Leben zu bleiben. Er ahnt, dass dieses junge Mädchen sich davonstehlen wollte. Jetzt soll sie ihre neue Lebensenergie in Bewegung bringen und sich stärken. Auf dem Weg ins selbstbewusste Frausein wird sie gegen die gesetzestreuen Männer ihres Umfelds stark auftreten müssen, um eigenständig werden zu können. Der Aufstand lohnt sich!

Sie gingen zum Haus des Synagogenvorstehers. Als Jesus den Tumult sah und wie sie heftig weinten und klagten, trat er ein und sagte zu ihnen: Warum schreit und weint ihr? Das Kind ist nicht gestorben, es schläft nur. Da lachten sie ihn aus. Er aber warf alle hinaus und nahm den Vater des Kindes und die Mutter und die, die mit ihm waren, und ging in den Raum, in dem das Kind lag. Er fasste das Kind an der Hand und sagte zu ihm: Talita kum!, das heißt übersetzt: Mädchen, ich sage dir, steh auf! Sofort stand das Mädchen auf und ging umher. Es war zwölf Jahre alt. Die Leute waren ganz fassungslos vor Entsetzen. Doch er schärfte ihnen ein, niemand dürfe etwas davon erfahren; dann sagte er, man solle dem Mädchen etwas zu essen geben. [Markus 5,38-43]

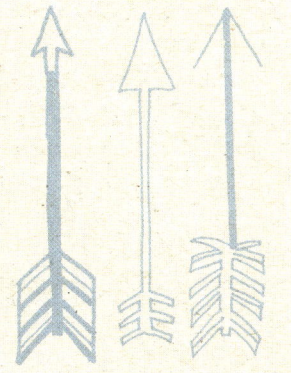

carpe diem

ergreife die CHANCE!

aufrecht und aufrichtig
stehe ich zu mir
ich empfange mich aus deinem
schöpferischen und eindeutigen Ja
ich nehme mich an
als göttliches Geschenk
und verwurzle mich
im Aufstand fürs Leben

Meine Oase

Ich stelle mich schulterbreit fest auf den Boden. Der Boden unter meinen Füßen trägt mich, gibt mir Halt und Standfestigkeit. Ich atme tief in diese Bodenhaftung hinein. Ich bin aufrecht und flexibel. Mein Rücken ist gestärkt. Ich kann mir innerlich vorstellen, dass meine Ahninnen, die für die Befreiung der Frau eingestanden sind, hinter meinem Rücken stehen und mich stärken. Ich bin eine Frau, Abbild des schöpferischen Gottes. Mit Liebe und unergründlichem Wissen erschaffen, sodass mein Leben ein Wunderwerk ist – nicht wiederholbar. Ich bin ein Original! Jede Faser an mir, die Seele in mir, ist einmalig! Ich bin eine Frau, der Jesus zuruft: Steh auf ins Leben! Steh ein für dich! Sei dir deiner Würde bewusst! Lebe! Ich spüre, wie diese Worte in mir nachklingen, was sie in mir entfachen. Ich nehme mich wahr, atme gut durch und setze bewusste Schritte in mein aktuelles Leben.

MEIN Glaube HEIL und RETTET

Viele Menschen folgten ihm und drängten sich um ihn. Darunter war eine Frau, die schon zwölf Jahre an Blutfluss litt. Sie war von vielen Ärzten behandelt worden und hatte dabei sehr zu leiden; ihr ganzes Vermögen hatte sie ausgegeben, aber es hatte ihr nichts genutzt, sondern ihr Zustand war immer schlimmer geworden. Sie hatte von Jesus gehört. Nun drängte sie sich in der Menge von hinten heran und berührte sein Gewand. Denn sie sagte sich: Wenn ich auch nur sein Gewand berühre, werde ich geheilt. Und sofort versiegte die Quelle des Blutes und sie spürte in ihrem Leib, dass sie von ihrem Leiden geheilt war. Im selben Augenblick fühlte Jesus, dass eine Kraft von ihm ausströmte, und er wandte sich in dem Gedränge um und fragte: Wer hat mein Gewand berührt? Er blickte umher, um zu sehen, wer es getan hatte. Da kam die Frau, zitternd vor Furcht, weil sie wusste, was mit ihr geschehen war; sie fiel vor ihm nieder und sagte ihm die ganze Wahrheit. Er aber sagte zu ihr: Meine Tochter, dein Glaube hat dich gerettet. Geh in Frieden! Du sollst von deinem Leiden geheilt sein. [Markus 5,24-30.32-34]

TAG 18

Ich lege meine rechte Hand auf meinen Herzraum und atme tief in diese Berührung. Dann lege ich meine linke Hand auf mein Sonnengeflecht (Bauchnabel) und atme tief in diese Berührung. Im tiefen Atmen lasse ich die Energie zwischen beiden Berührungspunkten fließen. Ich spüre hin, erfahre eine innere Balance und fülle diese Räume mit dem Bild des tiefen Friedens.

carpe diem ergreife die CHANCE!

Glaube Wenn die Seele schreit, antwortet der Körper durch ein schmerzhaftes Symptom. Nachdem alle medizinische Kunst keine Heilung brachte, das Vermögen fast aufgebraucht war, greift die blutflüssige Ausgestoßene zu einem drastischen Mittel: Sie berührt verbotenerweise jenen Heiler, der die Seele und ihre Not zu verstehen vermag. Sie, die durch die damaligen Regeln unberührbar war und andere mit ihrem Blut beschmutzte, berührt den äußersten Rand des Gewandes jenes Rabbis, der Tabus durchbricht, Grenzen überschreitet, auf abgewertete Randgruppen zugeht und sie ernst nimmt in ihrer existenziellen Ausweglosigkeit. Auch hier genügt das Vertrauen in die heilsame Berührung, damit die Blutflüssige zur Geheilten wird. Der Blutfluss ist gestoppt, die Lebenskraft steht ihr nun neu zur Verfügung, der innere und äußere Frieden ist wieder hergestellt und ihr Glaube wird sie in die Zukunft begleiten.

Meine Oase

Es gibt kaum etwas so Erschreckendes wie den Anblick von Blut, das aus einer offenen Wunde fließt, das kaum zu stillen ist und die Verwundeten kraftlos zurücklässt. Wenn das Leben mich ausblutet, dann bleibt nur eine leere Hülle von mir übrig. In gegenwärtiger Zeit steigt die Anzahl ausgebrannter, erschöpfter Menschen stetig an. Mit zunehmendem Dauerstress, konstanter Anspannung, ständig steigenden eigenen und fremden Anforderungen, hohem Zeitdruck und geringer werdender Widerstandskraft verblute ich zunehmend, bleibe unberührbar und isoliert zurück. Heute nehme ich mir Zeit, genauer zu überdenken, was/wer mich aussaugt, leer zurücklässt und wer/was noch immer die Kraft hat, mich im Frieden und in der Energie zu halten. Ich erstelle eine Liste von Energiefressern und Kraftquellen. Das sichtbare Ergebnis spornt mich an, die heilsame, gesunde Balance anzustreben.

ICH BIN MIR

BROT des Lebens

TAG 19

geh und sieh nach
was du in deiner Vorratskammer
versteckt hältst
nimm das Brot des Lebens zu dir
und teile es mit mir
zusammen werden wir satt

Meine Oase

Was ist bei mir selbst an Vorräten, an Nahrhaftem vorhanden? Manchmal mache ich es mir zu leicht, wenn ich das Nährende und Stärkende von außen, von einem Guru, einer starken Persönlichkeit, erhoffe oder auch erwarte. Damit kann ich mein Gegenüber überfordern und mich selbst unterfordern.

Wie viel Brot habe ich selbst? Auf wie viele Ressourcen kann ich realistisch zugreifen?

Was kann ich mir an Gutem, an Lob, an Anerkennung, an Aufbauendem, an Wertschätzendem selbst geben?

Über der Fürsorge für andere vergesse ich oft meine Selbstfürsorge und bleibe dabei auf der Strecke – abhängig vom Brot der anderen.

Dabei laufe ich Gefahr, zu verhungern. Denn wenn die anderen auch so bedürftig sind wie ich, dann können auch sie mich nicht sättigen.

Als er ausstieg, sah er die vielen Menschen und hatte Mitleid mit ihnen;
denn sie waren wie Schafe, die keinen Hirten haben. Und er lehrte sie lange.
Gegen Abend kamen seine Jünger zu ihm und sagten: Der Ort ist abgelegen
und es ist schon spät. Schick sie weg, damit sie in die umliegenden Gehöfte
und Dörfer gehen und sich etwas zu essen kaufen können! Er erwiderte:
Gebt ihr ihnen zu essen! […] Wie viele Brote habt ihr? Geht und seht nach!
Sie sahen nach und berichteten: Fünf Brote und außerdem zwei Fische.
Und alle aßen und wurden satt. [MARKUS 6,34-38.42]

Brot des Lebens (Nahrung) Jesus begegnet überall, wo er
sich aufhält, Menschen, die orientierungslos sind und bedürftig
nach einem starken Vorbild, einem machtvollen Heiler lechzen.
Sie hungern nach seinen Worten, deren positive Frohbotschaft ihnen
Zuversicht und Richtung bieten. Sein Mit-Leiden geht so weit,
dass er sie nicht einfach hungrig wegschicken kann. Nach der
seelischen Nahrung benötigen sie auch noch das leibliche Wohl.
Jesus zaubert nichts herbei, sondern er fordert die Menge auf,
das Ihre zur Sättigung beizutragen. Was haben sie denn dabei?
Was sind sie bereit einzubringen und zu teilen? Aus der Dynamik
der Ressourcenbeschaffung und des Blicks auf Vorhandenes,
können alle letztlich gesättigt in ihren Lebensalltag zurück.

In aller Ruhe betrachte ich mich und meine Fähigkeiten:
mein handwerkliches Geschick, mein denkerisches Potential,
meine soziale Bezogenheit, meine körperliche Bewusstheit,
meine spirituelle Dimension.
Ich habe viele Facetten in mir. Ich bin bereit, Gefühle zuzulassen
und sie auszudrücken. Ich übe mich
darin, mich selbst mit liebevollen
Augen anzuschauen, mit Empathie
zu umarmen und in Liebe an-
zunehmen. Ich bin mir selbst
liebende Mutter, liebender Vater.
Auch ich bin das Brot des Lebens.

carpe
diem
ergreife die
CHANCE!

ICH VERTRAUE dir —UND— mir

Meine Oase

Ich ziehe mich an einen einsamen Ort zurück. Wenn ein See in meiner Nähe ist, kann mich das in meiner Meditation unterstützen. Ich stelle mir vor, wie ich ein Boot besteige. Dabei verlasse ich den sicheren Boden, der mich trägt und traue dem schwankenden Boot zu, dass es mich birgt und wiegt. Im Boot lasse ich mich nieder, atme entspannt durch meinen Körper. Dann allmählich setzt sich das Boot in Bewegung und gleitet auf der seidigen Oberfläche entlang. Eine leichte Brise weht mir um die Nase und erfrischt meine Sinne. In der Mitte des Sees angekommen, kehrt Ruhe ein. Alles in mir ist auf Vertrauen angelegt. Innerlich verbinde ich mich mit der göttlichen Kraft, die es schafft, für Ruhe, aber auch für Bewegung in mir und um mich herum zu sorgen. Verbunden mit dieser göttlichen Sicherheit, übe ich mich im Vertrauen ein, dass ich getragen bin. Wenn es mir möglich ist, kann ich alles, was mich aus diesem Vertrauen herauswirft, dem Wasser über-geben, das es von mir fortträgt. In mir aber wiederholt sich das Mantra: „Vertrau mir, ich bin es." Wenn die Zeit reif ist, kann ich wieder im Boot übers Wasser zurücksteuern, es verlassen und die Erde mit neu gewonnener Kraft betreten.

Gleich darauf drängte er seine Jünger, ins Boot zu steigen und ans andere Ufer nach Betsaida vorauszufahren. […] Nachdem er sich von ihnen verabschiedet hatte, ging er auf einen Berg, um zu beten. Und er sah, wie sie sich beim Rudern abmühten, denn sie hatten Gegenwind. In der vierten Nachtwache kam er zu ihnen; er ging auf dem See, wollte aber an ihnen vorübergehen. Als sie ihn über den See gehen sahen, meinten sie, es sei ein Gespenst, und schrien auf. Alle sahen ihn und erschraken. Doch er begann mit ihnen zu reden und sagte: Habt Vertrauen, ich bin es; fürchtet euch nicht! Dann stieg er zu ihnen ins Boot und der Wind legte sich. Sie aber waren bestürzt und fassungslos. Denn sie waren nicht zur Einsicht gekommen, als das mit den Broten geschah; ihr Herz war verstockt. [Markus 6,45-46.48-52]

Göttliche Quelle Hab Vertrauen, selbst wenn die Wogen über dir zusammenstürzen, du hin und her geschleudert wirst in den Stürmen des Lebens, selbst dann, wenn dir der Boden unter deinen Füßen weggerissen wird … vertrau dich mir an. So fordert Jesus auch mich auf, mich nicht zu fürchten.

Jesus hat es eben erst geschafft 5000 Hungrige zu sättigen – ein Ding der Unmöglichkeit, wenn man es nüchtern betrachtet. Sein Gefolge hat es am eigenen Leib erfahren, aber das, was dahinter steckt, hat sie nicht berührt. Ihr Herz ist verstockt, blockiert, unzugänglich. Jesus kann diese Erfahrungen des Scheiterns, der ständigen Beanspruchung nur überleben, wenn er sich immer neu an einen einsamen Ort zurückzieht, um aus seiner ergiebigsten Quelle Kraft zu schöpfen: im Gebet, in der Stille vor und mit Gott. Vom Berg aus hat er zugleich den nötigen Überblick und Abstand, um auch die Not der Jünger zu erkennen: Sie rudern sich beinahe zu Tode, wenn es Gegenwind gibt – denn sie haben ihre göttliche Quelle noch nicht ausreichend für sich entdeckt.

in der Tiefe deines Seelengrundes entspringt jene Quelle die dir Göttliches ich bin es fürchte dich nicht verspricht

carpe diem

ergreife die CHANCE!

ICH WACHSE an meinem GRENZEN

Grenzüberschreitung Jesus ist nie lange an einem Ort. Sich ausruhen, zurückziehen, sich in Sicherheit vor äußeren Ansprüchen zu wiegen, gelingt ihm kaum. Gegen den Anruf der heidnischen Frau versucht er sich abzugrenzen: Ich arbeite nur für die eigenen Glaubensgeschwister. Irgendwo muss er ja die Grenze ziehen. Schließlich hat auch er mal Anspruch auf Rückzug.

Nichts da, sagt sie zu ihm: Du darfst mich in meiner Not nicht ausgrenzen, bei mir brennt der Hut! Meine Tochter leidet und ich leide mit ihr. Gib mir doch bitte etwas ab von deiner Heilkraft – ungeachtet meiner Religion! Du hast so viel zu geben, da könnte doch auch für mich etwas abfallen!

Dieses Vertrauen und dieser Mut beeindrucken Jesus. Dieses große Zutrauen hat er bislang auch unter seiner Gefolgschaft nicht immer erlebt. Es ermöglicht in ihm eine Grenzüberschreitung: Er öffnet sich innerlich und auch äußerlich für Andersgläubige und besiegt damit nicht nur den Dämon der Tochter, sondern auch seine eigenen Aber-Geister, die zunächst nur die eigene Glaubensgemeinschaft berücksichtigten. Von nun an hat er alle im Blick.

Jesus brach auf und zog von dort in das Gebiet von Tyrus. [...] Eine Frau, deren Tochter von einem unreinen Geist besessen war, hörte von ihm; sie kam sogleich herbei und fiel ihm zu Füßen. Die Frau, von Geburt Syrophönizierin, war eine Heidin. Sie bat ihn, aus ihrer Tochter den Dämon auszutreiben. Da sagte er zu ihr: Lasst zuerst die Kinder satt werden; denn es ist nicht recht, das Brot den Kindern wegzunehmen und den kleinen Hunden vorzuwerfen. Sie erwiderte ihm: Herr! Aber auch die kleinen Hunde unter dem Tisch essen von den Brotkrumen der Kinder. Er antwortete ihr: Weil du das gesagt hast, sage ich dir: Geh nach Hause, der Dämon hat deine Tochter verlassen! Und als sie nach Hause kam, fand sie das Kind auf dem Bett liegen und sah, dass der Dämon es verlassen hatte. [Markus 7,24-30]

Meine Oase

Grenzen können mich herausfordern. Wenn ich unfähig bin, Grenzen zu setzen, dann kann ich ausgenutzt, verletzt und überfordert werden. Wenn ich mich zu sehr abgrenze, kann ich unnahbar und isoliert werden.
Es ist eine Kunst, Grenzen in gesundem Maß zu setzen und auch bei anderen zu wahren. Manchmal, so zeigt uns diese biblische Auseinandersetzung, ist eine Grenzüberschreitung ein befreiender Akt: Neuland wird betreten, die eigene Begrenzung erweitert und damit wird der Einflussbereich vergrößert. An der Grenze und im Schritt über die Grenze kann ich mein Potenzial erkunden und mir selbst anders begegnen.
Wie schaut es mit meinen Grenzüberschreitungen aus?
Bin ich zu zögerlich oder zu rigide?
In welchen Momenten habe ich den Schritt über eine Grenze als Fortschritt und Bereicherung empfunden?

carpe diem
ergreife die CHANCE!

In einer kleinen Auszeit erde ich mich über meinen Atem, werde entspannter und ruhiger. Innerlich mache ich mich auf den Weg in ein Gebiet, jenseits meiner gewohnten Grenze, jenseits des Vertrauten und betrete Neuland. Ich gehe mit dem Vertrauen, dass ich begleitet und geschützt bin. Ich erkunde mit allen Sinnen die neue Umgebung. Ich mache mich neugierig vertraut mit dem Neuen. Ich nehme zu mir, was mich stärkt. Hier erlebe ich mich neu, ein wenig weiter.

ICH BIN

-wie ein-

wertvoll

LEBENSBAUM

Meine Oase

Ich nehme mir ein Bild eines Baumes. Wenn es in meiner Nähe einen Baum gibt, suche ich ihn auf und schaue ihn an. Wenn mir dieses Erleben nicht zugänglich ist, dann stelle ich mir in meiner Phantasie einen kräftigen Baum vor. Ich selbst stehe geerdet im Raum. Meine Füße erinnern mich an stabile Wurzeln, die sich tief in die nahrhafte Erde hineingraben. Sie geben mir jene Standfestigkeit, die ich brauche, um den Stürmen des Lebens zu widerstehen. Mein Rücken gleicht dem starken Stamm, der dem Himmel zustrebt. Meine Arme sind wie Äste, die sich ausbreiten, dem Himmel und der frischen Luft entgegen. Ich bin biegsam und aufrecht zugleich, wie der Baum auf der Wiese. Ich zeige meine Schönheit, meine Verbundenheit zwischen Erde und Himmel. Ich bin so reif und wertvoll, wie ein Lebensbaum.

Sie kamen nach Betsaida. Da brachte man einen Blinden zu Jesus und bat ihn, er möge ihn berühren. Er nahm den Blinden bei der Hand, führte ihn vor das Dorf hinaus, bestrich seine Augen mit Speichel, legte ihm die Hände auf und fragte ihn: Siehst du etwas? Der Mann blickte auf und sagte: Ich sehe Menschen; denn ich sehe etwas das wie Bäume aussieht und umhergeht. Da legte er ihm nochmals die Hände auf die Augen; nun sah der Mann deutlich Er war wiederhergestellt und konnte alles ganz genau sehen. Jesus schickte ihn nach Hause und sagte: Geh aber nicht in da Dorf hinein! [Markus 8,22-26]

Augen öffnen Da ist ein Mensch blind und möchte von Jesus berührt werden. Berührt werden kann also den Blick öffnen, die Sichtweise erneuern. Jesus verstärkt seine körperliche Nähe mit etwas ganz Intimen, mit etwas, das normalerweise Menschen vorbehalten ist, die sich sehr lieben. Er nimmt zuerst seinen Speichel, um die Augen des Blinden zu bestreichen. Dann legt er seine heilenden Hände auf. Ganz nah kommt Jesus somit diesem Menschen, um ihm die Augen zu öffnen. Was war da wohl passiert, dass er nicht mehr hinschauen konnte? War da eine intime Grenzüberschreitung geschehen, die nur mit einer zärtlichen Intimität Jesu geheilt werden konnte? Was siehst du jetzt? „Etwas wie ein Mensch, denn es sieht aus wie ein Baum!" Dieser Mensch muss sich über einen Baum erst langsam an einen Menschen annähern. Da scheint es große Ängste zu geben, die er überwinden muss, um sich für die menschliche Mitwelt zu öffnen, um im genauen Hinschauen nicht erschreckt zu werden.

Jesus stellt den blinden Menschen wieder völlig her, sodass die Heilung das präzise, genaue Sehen ermöglicht. Zur vollständigen Heilung scheint das Realisieren, das Wahrnehmen dessen zu gehören, was real ist – auch wenn es schmerzt, abschreckt, verunsichert. Wieder voll und breit auf meinen beiden Füßen stehen, dastehen, die Balance halten und auch dem inneren Widerstand die Stirn bieten ... das gehört zur klaren Sicht dazu.

carpe diem
ergreife die CHANCE!

ich-bin genießbar

Salz Früher, als es noch keine Kühlschränke zum Aufbewahren der Speisen gab, wurde z.B. Fleisch mit Salz haltbar gemacht. Hier wurde Salz eingesetzt, um die Lebensdauer zu verlängern. Gerichte, die nicht gesalzen sind, schmecken schal und es fehlt der „rechte Biss"! Wenn ich allerdings etwas versalze, dann mache ich es ungenießbar und wehre mich gegen dessen Verzehr. Das rechte Maß beim Würzen steigert den Genuss und das allgemeine Wohl. Jesus nimmt ein alltägliches Bild, um mich aufzufordern, mein Leben und Sein angemessen zu würzen, es zu bewahren, gesund zu halten und es auch zu genießen! Damit ich erst recht für die anderen genießbar bin. In diesem Wohlgeschmack liegt eine Lebenskraft, die in mir und um mich herum Frieden schafft. Ich bemühe mich, zum Salz, zur sinnlichen Würze des Lebens – für mich selbst und für andere – zu werden.

Denn jeder wird mit Feuer gesalzen werden. Das Salz ist etwas Gutes. Wenn das Salz die Kraft zum Salzen verliert, womit wollt ihr ihm seine Würze wiedergeben? Habt Salz in euch und haltet Frieden untereinander!
[MARKUS 9,49-50]

Meine Oase

Wenn ich meine Tage routinemäßig verbringe, oder gar recht unbewusst ablaufen lasse, dann wird das Leben schal – geschmacklos. Es fehlt das Besondere, das gewisse Etwas: Es fehlt die Würze. Wenn diese aber fehlt, dann kann sich Langeweile und vielleicht sogar leichte Depression in mir ausbreiten. Ich verliere die Lust am So-Sein. So will ich eigentlich nicht leben. Anders, mit mehr Geschmack und Intensität aber sehr wohl! Ich nehme mir Zeit, mit Achtsamkeit hineinzuspüren, wo es in meinem Leben, in meinem Alltag an würzigem Salz fehlt.

Wenn ich den Ist-Zustand überprüft und ehrlich anerkannt habe, kann ich meinen nächsten Schritt planen: Was kann ich tun, unternehmen, verändern, neu initiieren, oder lassen, damit ich die Freude wiedergewinne? Was würde meiner Realität mehr Genuss und „Biss" verleihen?

carpe diem ergreife die CHANCE!

Wenn ich einen Garten besitze, kann ich feine Kräuter einpflanzen, die meine Speisen durch ihre sinnliche Kraft bereichern: Salbei, Petersilie, Thymian, Oregano, Majoran, Basilikum, Schnittlauch, Rosmarin, Lavendel, Dill, Pfefferminze, Zitronenmelisse etc. Ich kann sie zur rechten Zeit ernten und an einem gut durchlüfteten Ort trocknen. Wenn die Kräuter getrocknet sind, kann ich sie zerkleinern und dem Salz beimengen. So habe ich ein köstliches Kräutersalz gewonnen, das mir und meinen Gästen viel Gaumenfreude bereiten wird.

Gott mische mit in meinem täglichen Leben
du bist das Salz das würzt
das Wasser das erfrischt
das Brot das sättigt
der Wein der belebt
rühre um in mir
damit ich genießbar bleibe

ICH bin REICH

Als Jesus einmal dem Opferkasten gegenübersaß, sah er zu, wie die Leute Geld in den Kasten warfen. Viele Reiche kamen und gaben viel. Da kam auch eine arme Witwe und warf zwei kleine Münzen hinein. Er rief seine Jünger zu sich und sagte: Amen, ich sage euch: Diese arme Witwe hat mehr in den Opferkasten hineingeworfen als alle andern. Denn sie alle haben nur etwas von ihrem Überfluss hineingeworfen; diese Frau aber, die kaum das Nötigste zum Leben hat, sie hat alles hergegeben, was sie besaß, ihren ganzen Lebensunterhalt. [Markus 12,41-44]

Meine Oase

Wenn ich meinen Fokus vom materiellen Gut abwende und mich auf das konzentriere, was ich meinen Besitz an Gaben nenne, wie schaut meine Bilanz aus? Anders formuliert: Ich überlege in aller Ruhe, welche Fähigkeiten und Fertigkeiten in mir schlummern, mit denen ich mein Leben einerseits verdienen, andererseits aber auch vertiefen und bereichern kann. Für diese Übung nehme ich am besten kleine, bunte Kärtchen. Auf jedes dieser Kärtchen schreibe ich eine besondere Gabe, die mich reich macht und mein Leben sichert. Ich schaue hin, wie Jesus es tut: Ich sehe auch das scheinbar Unscheinbare und würdige es.

Selbstlos Wo immer Jesus auftritt, erlebt er neben vielen Widerständen auch wahren Glauben. Wo er diesen trifft, lobt und würdigt er ihn sofort ausdrücklich. Er lässt sich nicht vom Äußeren blenden. Er ist der Realität gegenüber so aufmerksam, dass er auch das scheinbar Unscheinbare registriert. Da ist eine Frau, die durch den Tod ihres Mannes jegliche soziale Sicherheit mit ihm begraben hat. Eine Witwe, die von den Zuwendungen ihrer Verwandten und Wohlgesinnten abhängig ist. Eine verarmte Frau, die eigentlich nichts zu geben hat … die aber von dem wenigen, das ihr Leben sichert, dennoch großzügig abgibt. Jesus nimmt ihr selbstloses Tun und die Lebenseinstellung dahinter wahr. Wenn ich nur das Nötigste zum Leben habe und von dem Wenigen etwas verschenke, dann zeige ich beides: Demut und Vertrauen. Demut, weil ich das Wenige nicht festhalte und verbissen verteidige und Vertrauen, dass im Geben Segen liegt. Der Glaube, dass Gott mir gibt, was ich zum Leben brauche, zeigt sich in ihrem Tun.

carpe diem ergreife die CHANCE!

Ich werde ruhig und es wird allmählich still in mir. Ich lasse mich in meinen samtenen Stuhl nieder und schließe die Augen, um auf meiner inneren Bühne mein Königreich zu betreten. Dort finden sich lauter wunderbare Schätze, die zu mir gehören. Da gibt es farbenfrohe Lebendigkeit, federleichte Leichtigkeit, tiefe Verbundenheit, spielerische Fingerfertigkeit, zarte Sehnsucht, die deutliche Vision, engagierte Klarheit, geerdete Mütterlichkeit, verlässliche Väterlichkeit, blitzschnelle Entschlossenheit, mitfühlende Herzlichkeit, erfrischende Offenheit, überschwappenden Humor, unterstützende Zielstrebigkeit, glaubendes Zutrauen, erlösendes Vertrauen … Es glitzert und leuchtet im Reich meiner inneren Schätze. Alles steht mir zur Verfügung. Ich darf es in Besitz nehmen und meinen Lebensunterhalt damit verdienen.

ICH teile MEINE SCHÄTZE

Als sich Jesus wieder auf den Weg machte, lief ein Mann auf ihn zu, fiel vor ihm auf die Knie und fragte ihn: Guter Meister, was muss ich tun, um das ewige Leben zu erben? Jesus antwortete: […] Du kennst doch die Gebote. […] Er erwiderte ihm: Meister, alle diese Gebote habe ich von Jugend an befolgt. Da sah ihn Jesus an, umarmte ihn und sagte: Eines fehlt dir noch: Geh, verkaufe, was du hast, gib es den Armen und du wirst einen Schatz im Himmel haben; dann komm und folge mir nach! Der Mann aber war betrübt, als er das hörte, und ging traurig weg; denn er hatte ein großes Vermögen. [MARKUS 10,17–22]

Ich setze mich auf den Boden und verbinde mich so über Mutter Erde mit dem nährenden Element. Innerlich stelle ich diese Verbundenheit her, indem ich in meinen Schoß atme und mir bewusster werde, dass ich einem mütterlichen Schoß entsprungen bin. Ich erhielt Gaben und Entwicklungsmöglichkeiten von einer größeren, göttlichen Schöpfungskraft geschenkt. Meine achtsame Aufmerksamkeit ist meinen Händen zugewandt. Mit dem Einatmen empfangen meine Hände, mit dem Ausatmen geben meine Hände. Ich übe mich ein, um über das Geben und Teilen einen himmlischen Schatz zu empfangen.

Meine Oase

Ich erinnere mich an die Reichtümer und Schätze,
die ich gestern auf die farbenfrohen Kärtchen geschrieben habe.
Ich nehme sie nochmals zur Hand und ordne sie drei Überschriften zu:
– Ich halte es unter Verschluss
– Ich gebe reichlich davon
– Ich möchte es mir aneignen und gedeihen lassen
Wenn mir zum letzten Punkt noch Gaben einfallen, die ich gestern nicht
aufgeschrieben habe, die aber wohltuend wären, dann fülle ich
neue Kärtchen aus und ergänze sie.
Wenn ich mir so einen ehrlichen und realistischen Überblick über
meine innere Schatztruhe gegeben habe, spüre ich offen nach,
wie ich mit dieser Erkenntnis weiterleben möchte.

Geben Ein vermögender Mann möchte für die Gebote, die er
von Jugend an einhielt, ewiges Leben als Verdienst erhalten.
Seine Logik lautet: Ich gebe dir und du gibst mir! Ich leiste, also
bin ich! Ich gebe, also erbe ich.
Jesus sieht das anders. Wie die arme Witwe von dem Wenigen,
das sie besitzt, viel gibt, so soll der Reiche verhältnismäßig
noch mehr von seinem Besitz geben, um zu empfangen. Er soll
seinen Reichtum den Armen zur Gänze überlassen. Was Jesus
damals forderte war eine Überforderung für den reichen jungen
Mann. Und heute überfordert es unsere ganze Gesellschaft noch
immer, wenn wir unseren rechtmäßig erworbenen, hart erarbeiteten,
materiellen Reichtum mit den verwaisten, vertriebenen und ent-
wurzelten Armen teilen sollten. Vielleicht übersehen wir dabei, dass
in der vorherrschenden Leistungsmaximierung unsere Lebensqualität reduziert wird oder gar verloren geht. Vielleicht zeigt uns
Jesus, dass unsere größte Einkommensquelle, unser wertvollster
Schatz, die menschliche Verbundenheit ist, die uns letztlich
nährt und trägt.

ICH BLEIBE AUFRECHT stehen

Auferstehung Wenn einer kommt und den Menschen einen Spiegel vorhält, unbequeme Fragen stellt, den Reichen predigt, ihren Besitz mit Bedürftigen zu teilen, alles hinter sich zu lassen und ihm nachzufolgen, ihre Werte zu überdenken und neue Glaubenssätze zu übernehmen, die Fassade einstürzen zu lassen und ihr wahres Ich zu zeigen: Kein Wunder, wenn so einer Aggressionen, Zorn und Ablehnung auf sich zieht. Kein Wunder, wenn er, der so viele Wunder gewirkt hat, verspottet, angespuckt, geschlagen und getötet wird, damit die gewohnte Ordnung wiederhergestellt ist und niemand mehr hinterfragt oder gar zurechtgewiesen wird.

Schluss damit – ein für alle mal! Kein Wunder, dass die, die Jesus nachfolgten, es mit der Angst zu tun bekommen. Aber sie besiegen ihre Ängste mit der Hoffnung, dass die Feinde es nicht schaffen, Jesus auszumerzen. Er wird wieder ins Leben auferstehen. Seine Botschaft ist nicht umzubringen.

Meine Oase

Wenn in mir Ängste auftauchen, dann ist das einfachste und schnellste Mittel sie einzudämmen, ganz tiefe Atemzüge zu nehmen. Ich atme bis in mein Sonnengeflecht Ruhe und Zuversicht ein. Das beängstigende oder mulmige Gefühl atme ich aus – hinaus ins Universum. Bei jedem tiefen Atemzug nehme ich mehr Raum ein in meiner Mitte und baue mir einen Schutzraum auf. Ich kann meine Hände zu Hilfe nehmen, indem ich beim Ausatmen meine Handflächen auf Brusthöhe nach außen stemme. Ich verschaffe mir mit dieser klaren Geste Schutz nach außen, stelle mich dem, was mich zuvor noch geängstigt hat. Ich tue es mit dem Vertrauen, dass es Auferstehung gibt. Ich überlebe, ich stehe auch nach Schwerem oder Leidvollem wieder auf. Aus meiner Mitte heraus schwäche ich die aufsteigenden Ängste und biete ihnen abwehrend die Stirn. Ich bleibe aufrecht stehen.

carpe diem ergreife die CHANCE!

ich biete der lebensverachtenden Angst
meine Stirn
mit aller Kraft
aus dem Schoß meiner Mitte
gebäre ich unverwüstliches Vertrauen
das jede Geißel
jede Fessel
unschädlich macht
aufrecht stemme ich mich ins Leben
und bin wie neu

Während sie auf dem Weg hinauf nach Jerusalem waren, ging Jesus voraus. Die Leute wunderten sich über ihn, die ihm nachfolgten aber hatten Angst. Da versammelte er die Zwölf wieder um sich und kündigte ihnen an, was ihm bevorstand. Er sagte: Siehe, wir gehen nach Jerusalem hinauf; und der Menschensohn wird den Hohepriestern und den Schriftgelehrten ausgeliefert; sie werden ihn zum Tod verurteilen und den Heiden ausliefern; sie werden ihn verspotten, anspucken, geißeln und töten. Und nach drei Tagen wird er auferstehen. [MARKUS 10,32-34]

ICH

sehne mich

NACH ...

mein Schrei
aufgehoben in dir
eröffnet
sehenden Auges
was wesentlich ist
und führt ins Leben

Meine Oase

Viele von uns sind so erzogen worden, dass
sie zunächst die Bedürfnisse ihrer Eltern
und Geschwister sowie anderer Bedürftiger
befriedigen sollten, um sich existenzberechtigt
und angenommen zu fühlen. Die eigenen
Bedürfnisse durften nicht wahrgenommen und
mussten verleugnet werden, oder standen der
bedingten Liebe im Weg. So wird allmählich
verlernt, auf die eigenen Bedürfnisse und Sehnsüchte zu achten oder sie sogar zu beantworten.
Dann wird es so schwer, das zu benennen,
was man eigentlich braucht, um gesund und
glücklich zu sein. Die Frage „Was willst du, dass
ich dir tue?" löst dann oft Widerstand aus:
Nein danke, ich bin es doch nicht wert, dass du mir
etwas Gutes, Liebes tust! Ich schaffe das schon
alleine! Oder es folgt ein hilfloses Achselzucken:
Ich weiß eigentlich gar nicht (mehr), was mir
gut tut und wonach ich mich zuinnerst sehne.

carpe diem ergreife die CHANCE!

An einem guten Ort verwurzle ich
mich innerlich tief in die Geborgenheit eines liebevollen Menschen
oder Gottes. Geborgen und gehalten,
kann ich sein, wer ich bin und
wie ich bin. Ich spüre achtsam nach,
wo mein Sehnen, mein Bedürfnis
mich hinführt, was es in mir anrührt
und aufweckt. Ich kann mit großem
Zutrauen die Stimme Jesu: „Was
willst du, dass ich dir tue?" in mein
Herz aufnehmen und mich ihrer
Güte, ihrer Empathie anvertrauen.
Ich kann ehrlich antworten:
„Rabbi, Meister der Liebe, ich will
ich sehne mich nach ...". Dabei
erfahre ich ein Stück Angenomme
Sein und Heil-Werden.

Sie kamen nach Jericho. Als er mit seinen Jüngern und einer großen Menschenmenge Jericho wieder verließ, saß am Weg ein blinder Bettler, Bartimäus,
der Sohn des Timäus. Sobald er hörte, dass es Jesus von Nazaret war, rief er
laut: Sohn Davids, Jesus, hab Erbarmen mit mir! Viele befahlen ihm zu schweigen.
Er aber schrie noch viel lauter: Sohn Davids, hab Erbarmen mit mir! Jesus
blieb stehen und sagte: Ruft ihn her! Sie riefen den Blinden und sagten zu
ihm: Hab nur Mut, steh auf, er ruft dich. Da warf er seinen Mantel weg, sprang
auf und lief auf Jesus zu. Und Jesus fragte ihn: Was willst du, dass ich
dir tue? Der Blinde antwortete: Rabbuni, ich möchte sehen können. Da sagte
Jesus zu ihm: Geh! Dein Glaube hat dich gerettet. Im gleichen Augenblick
konnte er sehen und er folgte Jesus auf seinem Weg nach. [MARKUS 10,46-52]

Heilung Das Leben dieses Blinden läuft vor dem Stadttor, außerhalb des geschützten gemeinschaftlichen Raumes ab. Er sieht
nicht, aber er spitzt seine Ohren und nimmt auch leise Töne wahr.
Er hat schon von Jesus gehört und er hat sich ein Bild von ihm
gemacht: wenn ihm überhaupt zu helfen ist, dann durch diesen
wundertätigen Mann. Durch den starken Wunsch nach Heilung
beginnt er um sein Leben zu schreien. Er lässt sich den Mund
nicht verbieten – seine Existenz steht auf dem Spiel. Zeig deine
Barmherzigkeit an mir!, schreit er hinaus. Und Jesus hört mitten
im großen Lärm diesen mutigen Aufschrei. Er ruft ihn zu sich –
und dieser wirft mit klarer Entschlossenheit den Mantel seiner
Bedürftigkeit weit weg und läuft auf Jesus zu! Mit Jesu Frage:
„Was willst du, dass ich dir tue?" führt er den Orientierungslosen
in seine eigene Verantwortung. Er stellt ihn geheilt auf die Füße.
Sein großes Vertrauen wird ihn voranbringen.

ICH *lebe* SELBSTBESTIMMT

Und die Kraft des Herrn war mit Jesus, sodass er heilen konnte. Und siehe, Männer brachten auf seinem Bett einen Menschen, der gelähmt war. Sie wollten ihn ins Haus bringen und vor Jesus hinlegen. Weil es ihnen aber wegen der Volksmenge nicht möglich war, ihn hineinzubringen, stiegen sie aufs Dach und ließen ihn durch die Ziegel auf dem Bett hinunter in die Mitte vor Jesus hin. Als er ihren Glauben sah, sagte er: Mensch, deine Sünden sind dir vergeben. Damit ihr aber erkennt, dass der Menschensohn die Vollmacht hat, auf der Erde Sünden zu vergeben – sprach er zu dem Gelähmten: Ich sage dir: Steh auf, nimm dein Bett und geh in dein Haus! Und sogleich stand er vor ihren Augen auf, nahm das Bett, auf dem er gelegen hatte, und ging Gott preisend in sein Haus.
[Lukas 5,17-20.24-25]

carpe diem ergreife die CHANCE!

Viele Entspannungsübungen laden mich ein, mich auf einer gesunden Matratze auszustrecken. Im Liegen ist es mir möglich, alles Leisten-Müssen hinter mir zu lassen und zu einer erfrischenden Ruhe zu kommen. Im Liegen kann ich meine Schutzmechanismen fallenlassen und erwachsene Denkmuster loslassen. Ich nähere mich meinem ursprünglichen kindlichen Wesen an, strecke mich genüsslich aus oder kuschle mich wohlig zu einem Knäuel. Ich darf diese Muße vorübergehend genießen und abschalten. Ich sollte jedoch den Moment nicht verpassen, in dem ich alle Glieder wieder anspanne, die Energien sammle und aufgerichtet und selbstbestimmt ins Leben zurückkehre.

Meine Oase

Das Bett fühlt sich in dieser Geschichte wie ein Sarg an. Es erinnert auch an die Tochter des Synagogenvorstehers Jaïrus, die wie Schneewittchen im gläsernen Sarg liegt. Während sie keine Ansprüche mehr stellt, ihr Leben ganz zurücknimmt und verleugnet, versammelt der gelähmte Mensch eine Schar von Menschen um sich, die sich alle darum mühen, dass es ihm gut geht. Ob das der Grund der Lähmung und des Verschuldens war, dass er sich in der Opferrolle bedienen ließ? Kenne ich das auch, dass ich mich zurücknehme und mich dem Leben verweigere? Oder dass ich mich selbst bemitleide und bedauere und andere in meine Opferhaltung und Lähmung hineinziehe?

Eigenverantwortung Da ist ein Mensch, den etwas belastet, so lähmt, dass er ans Bett gefesselt und unfähig ist, sich selbst zu befreien. Er braucht eine Menge starker Männer, um ihn samt seinem Bett zu Jesus zu bringen. In Jesus ist eine göttliche Kraft, die auch Schuld zu vergeben und innere Freiheit zu schenken vermag. Ganz viel wird unternommen, um den Gelähmten ins Blickfeld Jesu zu heben – ein Dach wird abgedeckt und der gefangene Mensch in die Mitte hinuntergelassen. Das Umfeld dieses Hilflosen setzt viel Energie und Aufwand ein, um ihn wieder auf eigene Füße zu stellen. Für alle, die ihm mit ihrem Einsatz dienen, wäre eine Heilung befreiend. Jesus fordert vom untätigen Menschen für sich selber einzustehen und den Gegenstand, an den er gebunden war, ganz zu sich zu nehmen und allein zu schultern. Jetzt führt Heilung über die Eigenverantwortung und die Integration dessen, was Jesus als Schuld bezeichnet hat. „Geh heim! Komm zu dir selbst und nimm dich und das, was dich so lähmt ganz in deine eigene Mitte!"

ICH würdige »» MEIN «« VERMÖGEN

TAG 29

Frauen Jesus hat Männer berufen, ihm zu folgen. Frauen folgten ihm aus ihrem eigenen Antrieb heraus, zumeist aufgrund einer Heilungserfahrung. Eine ganze Schar von Frauen ist mit Jesus unterwegs, darunter Maria Magdalena, die seine treuste und vertrauteste Apostelin werden sollte. Was immer sie vor ihrer Begegnung mit Jesus in Besitz genommen hatte – und es war eine Fülle von Aber-Geistern, die sie besetzten – sie ist es, die Jesus als Zeugin seiner Auferstehung auswählt. All diese Frauen unterstützen ihn mit ihrem Vermögen. Was aber vermögen Frauen damals wie heute denn beizutragen?

Ein besonderes Gut ist die weibliche Empathie und Fürsorge für die Not anderer. Sie können Heimat bieten, auch in der Fremde, der Isolation. Frauen packen zu und sind flexibel und beweglich. Ihre Intuition und ihr Einfühlungsvermögen sind im Prozess der Heilung und Versöhnung ein großer Wert. Sie sind mutig und treu. Sie können sehr achtsam sein und auch feine Nuancen erspüren. Frauen trauen sich, Gefühle zu zeigen und für Werte, die ihnen wichtig sind, einzustehen. Mit diesem Vermögen unterstützen sie Jesus und werden so zu verlässlichen und wertgeschätzten Weggefährtinnen.

Und es geschah in der folgenden Zeit: Er wanderte von Stadt zu Stadt und von Dorf zu Dorf und verkündete das Evangelium vom Reich Gottes. Die Zwölf begleiteten ihn und auch einige Frauen, die von bösen Geistern und von Krankheiten geheilt worden waren: Maria, genannt Magdalena, aus der sieben Dämonen ausgefahren waren, Johanna, die Frau des Chuzas, eines Beamten des Herodes, Susanna und viele andere. Sie unterstützten Jesus und die Jünger mit ihrem Vermögen. [LUKAS 8,1–3]

ich setze mein Herz ein
um Türen zu öffnen
Menschen zu berühren
um den Himmel
hier und jetzt
erfahrbar zu machen

Meine Oase

Vielleicht erinnere ich mich noch an die Schätze meiner königlichen Schatzkammer, an meinen inneren Reichtum. Ich möchte noch einmal mit den Augen des Herzens mein vorhandenes Vermögen sichten und die Fülle wertschätzen. Da ist meine Sensibilität, auch leise Stimmen zu vernehmen. Da ist meine Intuition, mit der ich erspüre, was notwendig ist und getan werden sollte. Da ist meine Empathie, die das Verletzte auch in mir und in meinem Gegenüber wahrnimmt und schützt. Da ist meine … Ich nehme das vielfarbige Kaleidoskop meines inneren Vermögens dankbar wahr und würdige es.

carpe
diem
ergreife die CHANCE!

Die Frauen um Jesus setzen damals ihr Vermögen so ein, dass es Jesus und seinen Jüngern dient. Sie verwenden es zum Aufbau des himmlischen Reiches mitten in ihrem Alltag. Ich nehme mir Zeit, dem Nachzusinnen, was meinen Alltag „himmlisch(er)" macht oder machen könnte. Was von meinen Stärken und Fähigkeiten vermag ich so einzusetzen, dass sich in mir und in meinem Umfeld der Himmel öffnet?

TAG 30

ich HERZE mein INNERES Kind

Es kann mir helfen, ein Foto von mir als Kind an meinem Gebetsort aufzubewahren. Ich kann es als Anker dafür nehmen, dass ich mein inneres Kind nicht vernachlässigen und es immer wieder mal liebevoll zu mir nehmen soll. Es darf in mir vor Freude über meine Zuwendung juchzen und lachen.

carpe diem zweite CHANCE!

Grösse Erfolg und Einfluss, Autorität und Durchsetzungsvermögen, Pionier-
geist und Lebensenergie werden als besondere Größe betrachtet. Wer ein
oder mehrere dieser Eigenschaften sein Eigen nennt, ist groß. So denkt ein
Durchschnittsmensch in unserer Kultur. Wer also ist unter uns der/die Größte,
Bedeutendste, Wichtigste, Beliebteste etc.? Diese Gedanken des Vergleichens
und der Sehnsucht, sich von der Masse abzuheben, etwas ganz Besonderes
zu sein, stecken in vielen von uns, zum Teil schon seit der Kindheit. Kein
Wunder, dass diese Frage auch Jesu Gefolgschaft innerlich umtreibt. Jesus
zeigt ihnen das Kind. Klein, noch nicht leistungsfähig, noch nicht erfolgreich,
noch nicht effizient, noch nicht vermögend. Im Gegenteil: noch verträumt,
verspielt, unberührt, offen, ohne Vorurteile und Fixierungen, noch formbar aber
eben auch angewiesen: auf Fürsorge, die Erfahrung und den Schutz anderer.
Die Kleinen sind in dieser kindlichen Bedürftigkeit auch dankbar für jegliche
Zuwendung und jegliche Sicherheit; sie sind vertrauensvoll einfach und
unbekümmert zutraulich.

Unter ihnen kam der Ge-
danke auf, wer von ihnen
der Größte sei. Jesus sah
den Gedanken in ihren
Herzen. Deshalb nahm er
ein Kind, stellte es neben
sich und sagte zu ihnen:
Wer dieses Kind in meinem
Namen aufnimmt, der nimmt
mich auf; und wer mich
aufnimmt, der nimmt den
auf, der mich gesandt hat.
Denn wer unter euch
allen der Kleinste ist, der
ist groß. [Lukas 9,46ff]

Meine Oase

Ich ziehe mich an einen geschützten Ort zurück und
entspanne mich. Vielleicht mag ich mich sogar auf den
Boden setzen. Es kann helfen, einen kuscheligen, weichen
Gegenstand (ein Kissen oder Schmusetier) mitzunehmen.
Ich möchte mich jetzt meinem inneren Kind annähern.
Der/die kleine (Namen) in mir, vielleicht in einem Winkel
meines Herzraumes, die ich selten aufsuche. Wenn ich ein
Bild in mir habe, wie ich als kleines Kind war, dann hilft mir
das dabei, den Kontakt wiederherzustellen. Ich schaue hin,
was sich mir zeigt und nehme wahr: die Energie, den Ausdruck
des Gesichts, die Körperhaltung, die mir die/der Kleine
offenbart. Was davon ist mir vertraut? Was davon ist in mir
wach geblieben? Wenn das innere Kind traurig ist,
nehme ich es tröstend und fürsorgend in den Arm (der
weiche Gegenstand kann mich dabei unterstützen). Wenn
es fröhlich ist, nehme ich an der Freude Anteil. Wenn es
mir etwas erzählt, dann bin ich ganz Ohr. Für jetzt hat dieser
Anteil in mir meine ganze liebende Aufmerksamkeit.

ich segne DAS KIND in MIR

Da brachte man Kinder zu ihm, damit er sie berühre. Die Jünger aber wiesen die Leute zurecht. Als Jesus das sah, wurde er unwillig und sagte zu ihnen: Lasst die Kinder zu mir kommen; hindert sie nicht daran! Denn solchen wie ihnen gehört das Reich Gottes. Amen, ich sage euch: Wer das Reich Gottes nicht so annimmt wie ein Kind, der wird nicht hineinkommen. Und er nahm die Kinder in seine Arme; dann legte er ihnen die Hände auf und segnete sie. [MARKUS 10,13-16]

carpe diem – ergreife die CHANCE!

deine Augen
vertrauensvoll offen
suchen nach Antwort in mir
berührt schlägt mein Herz für dich
läuft dir entgegen
umschließt dich von allen Seiten
mit meinem unendlichen Ja umfangen
ist Raum
für wahre Größe

Meine Oase

Ich öffne mich in aller Ruhe dem Bild dieses göttlichen Reiches, in dem alle – und besonders auch ich selbst – in tröstende, liebende Arme aufgenommen werden. Die erfahrene Wärme und Zärtlichkeit liebender Umarmungen in meiner eigenen Geschichte unterstützen mich dabei. Ich kann es aber auch körperlich selbst vollziehen, indem ich mich selbst, so gut es mir möglich ist, umarme. Ich spüre die Berührung, die entstehende Wärme, vielleicht auch die Geborgenheit. So kann sich das Reich Gottes in mir und um mich herum anfühlen.

Indem ich das Kind in mir annehme, kann ich getrost die Bilder von Größe, Macht und stattlicher Erscheinung loslassen und mich dem öffnen, was in mir ist: das Kind, das berührt und gesegnet werden möchte, das angenommen, gehört und gesehen werden möchte. Wenn ich es nun achtsam und liebend annehme, verwirklicht sich Göttliches im Hier und Jetzt.

Kinder Auch die Jünger waren zum Teil schwer von Begriff. Jesus muss ihnen immer wieder die Augen öffnen und auch die Leviten lesen. Ähnlich wie bei mir selbst, war es auch bei ihnen oft mühsam, innere Fixierungen zu durchbrechen. Wenn Jesus seiner Arbeit nachgeht, dann ist das eine ernste Sache. Da muss alles bestimmten Regeln folgen. Da darf es keine Störungen geben. Kinder neigen dazu, einen geplanten und wohlvorbereiteten Ablauf mitunter zu stören. Die Jünger wehren sich dagegen, dass Jesus den herbeigebrachten Kindern seine Aufmerksamkeit schenkt. Wieder einmal muss Jesus seinen eigenen Willen durchsetzen:

Natürlich wird er sich den Kindern, den Kleinsten zuwenden! Selbstverständlich wird er sie segnend berühren! Nichts und niemand wird ihn davon abhalten, sie liebevoll in den Arm zu nehmen und sie segnend im Schutz Gottes zu beheimaten. Damit zeigt er nochmals auf eindrückliche Weise, was er darunter versteht, die Kleinsten, die Hilfsbedürftigsten, die Schutzlosesten aufzunehmen und so zu lieben, wie sie sind.

Als sie weiterzogen, kam er in ein Dorf. Eine Frau namens Marta nahm ihn gastlich auf. Sie hatte eine Schwester, die Maria hieß. Maria setzte sich dem Herrn zu Füßen und hörte seinen Worten zu. Marta aber war ganz davon in Anspruch genommen zu dienen. Sie kam zu ihm und sagte: Herr, kümmert es dich nicht, dass meine Schwester die Arbeit mir allein überlässt? Sag ihr doch, sie soll mir helfen! Der Herr antwortete: Marta, Marta, du machst dir viele Sorgen und Mühen. Aber nur eines ist notwendig. Maria hat den guten Teil gewählt, der wird ihr nicht genommen werden. [LUKAS 10,38-42]

die Stille in mir
spricht zu dir
im Herzen finden wir Gehör

ICH HÖRE AUF

Meine Oase

Ich nähre den Anteil der Maria in mir.
Ich setze mich hin, um hinzuhören,
um zu staunen, um zu träumen, um
mich und mein Gegenüber in aller
Ruhe wahr- und ernst zu nehmen.
Ich höre so zu, dass aus mir und dir
Quellen erfrischender Gedanken
entspringen. Ich bin so gegenwärtig,
dass ich deine Gefühle spüre,
deine Liebe mich berührt und meine
Zuwendung dich befreit. Ich kann
diese ungeteilte Aufmerksamkeit als
Geschenk des Himmels betrachten
und mir in dir und in dir mir begegnen.
Was für ein gutes Sein!

carpe diem

Es gibt so viel zu tun. Meine To-do-Liste schwappt über mit Unerledigtem. Ich überfordere mich auf allen Ebenen. Ich will perfek sein, den anderen jeden Wunsch von den Lippen ablesen. Ich will, dass man sich au mich verlassen kann. Ich will praktisch und effizient sein. Ich will meine Hände nicht in den Schoß legen; ich will leistungsfähig und erfolgreich sein. Ich will mich bis zum Umfallen um alles und jede/n kümmern. Jesus stellt dieses perfektionistische und lei tungsorientierte Wollen und Müssen in Fra Was wäre, wenn ... ich einfach mal nichts leiste, weniger perfekt bin und auch ande zupacken lasse?

Aufmerksamkeit Ein Grundbedürfnis des Menschen ist es, gesehen und gehört zu werden. Ich möchte als eigenständige Persönlichkeit in meinem ganzen Wesen erkannt werden. Damit das möglich wird, bedarf es deiner Aufmerksamkeit. Du solltest dir schon Zeit nehmen, dich mir vertraut zu machen. Ebenso ist es mit mir selbst. Wenn ich im Getriebe des Alltäglichen vergesse, auf mich und meine inneren Stimmen zu hören, nehme ich mich selbst nicht mehr wahr, verliere mich aus den Augen und werde von mir selbst entfremdet. Das ist ungesund und wertet mich letztlich ab. Maria hat das begriffen. Sie hört auf ihre inneren Sehnsüchte – und die wollen diesen Jesus ganz intensiv wahrnehmen, ja in ihr Innerstes aufnehmen. Sie ist ganz Ohr und, wie ein Kind, verliert sie vorübergehend das Geschehen um sich herum aus dem Blick. Sie ist (kindlich offen) ganz im Hier und Jetzt. Jesus genießt diese ungeteilte Aufmerksamkeit. Nur Marta rebelliert und stampft auf. Sie nimmt sich keine Zeit für sich selbst und ihre eigene Bedürftigkeit und wird dabei sauer.

MEINE innere Stimme

ICH nähere MICH GOTT an.

in deinem Namen
liegt die Verheißung
dass mein Hunger
gestillt wird
weil du da bist
in mir

carpe diem ergreife die CHANCE!

Seit 33 Tagen nehme ich mir nun Zeit, eine Verbindung zu meinem Innersten und eine Beziehung zum Göttlichen in und außerhalb von mir zu ermöglichen. Immer neu, immer wieder, habe ich auf unterschiedlichste Aspekte meines Lebens geblickt, um ein Gespür zu entwickeln, was denn mein „tägliches Brot" ist oder sein könnte. Was nährt mich so essenziell, dass ich es mir täglich im Gebet erhoffe?

TAG 33

Und es geschah: Jesus betete einmal an einem Ort; als er das Gebet beendet hatte, sagte einer seiner Jünger zu ihm: Herr, lehre uns beten, wie auch Johannes seine Jünger beten gelehrt hat! Da sagte er zu ihnen: Wenn ihr betet, so sprecht: Vater, geheiligt werde dein Name. Dein Reich komme. Gib uns täglich das Brot, das wir brauchen! Und erlass uns unsere Sünden; denn auch wir erlassen jedem, was er uns schuldig ist. Und führe uns nicht in Versuchung! [LUKAS 11,1-4]

Vater unser Jesus unterbricht regelmäßig seinen Arbeitsfluss. Er zieht sich zum Gebet an einsame Orte zurück. Seine Gefolgschaft beobachtet sein Ritual. In der Abgeschiedenheit führt er sein Gespräch mit seinem himmlischen Vater und verwirklicht so eine lebendige Beziehung. Die Jünger wissen nicht, wie beten geht. Sie brauchen Jesu Anleitung. Wie sollen wir das denn tun? Wie kann es auch uns gelingen, den Kontakt mit dem himmlischen Schöpfer am Laufen zu halten? So wird das wohl am häufigsten gesprochene Gebet an uns überliefert und vielleicht zum wirkungsvollsten Text in der Menschheitsgeschichte.

Im Gebet des Vater unser spreche ich direkt mit Gott, im Vertrauen, dass meine Worte gehört werden. Ich erkenne Gottes Heiligkeit und Wohlwollen an und bitte um die Erfahrung des himmlischen Reiches mitten in meiner Wirklichkeit. Ich bitte um das Nötigste, was ich zum guten Leben benötige und weiß mich beschenkt. Ich gebe zu, dass ich fehlerhaft und bruchstückhaft bin, wie jede/r andere auch. Ich übergebe mein Leben vertrauend in Gottes Hand.

Meine Oase

Wenn ich meine Realität anschaue, wo ist mein Ort, an den ich mich fürs Gebet, fürs wesentliche Gespräch zurückziehe?
Wie hat sich mein Auszeitraum entwickelt?
Was für ein Ritual für diese persönliche Auszeit habe ich?
Welche Form des Gebets hat mich am zuversichtlichsten sein lassen?
Bin ich mir, ist mir Gott dadurch näher gekommen?

ICH WERDE GEFUNI

Meine Oase

Wenn ich mir den Hl. Geist als Taube vorstelle, dann kann es mitunter schwer fallen, eine innere Beziehung zu ihm/ihr aufzubauen. Im Bild des Feuers liegt für mich eine andere Kraft. Am meisten „Feuer" befindet sich jedoch in der Darstellung des Geistes als Frau, die die lebendige Liebe und Bezogenheit zwischen Gott Vater und Sohn ausdrückt. Dieses Bild finden wir in einem Fresko in Urschalling am Chiemsee. In dieser weiblichen Verkörperung der Geistkraft liegt die Kraft der Verbindung, die den anderen so erkennt, dass es ein wortloses Verstehen gibt. Es muss nicht erst anklopfen, wachrütteln, bitten, um gefunden zu werden. Ein Verloren-Sein, ein Unbeantwortet-Sein, ein Verschlossen-Sein ist unmöglich. In dieser Geistkraft ist die Antwort auf meine Liebessehnsucht aufgehoben und getragen.
Ich spüre meiner Sehnsucht nach Liebe – auch im spirituellen Sinne – nach.

carpe diem
ergreife die CHANCE!

Gibt es Menschen, die meine Nähe dringend nötig hätten, zu denen ich mich vielleicht wieder mal auf den Weg machen sollte?
Habe ich mich gegenüber jemandem verschlossen? Wäre es an der Zeit, die Mauern bröckeln zu lassen und eine T allmählich zu öffnen?
Habe ich die nötige Bereitschaft, mich von Gott finden zu lassen?

Darum sage ich euch: Bittet und es wird euch gegeben; sucht und ihr werdet finden; klopft an und es wird euch geöffnet. Denn wer bittet, der empfängt; wer sucht, der findet; und wer anklopft, dem wird geöffnet. Der Vater im Himmel wird den Heiligen Geist denen geben, die ihn bitten. [Lukas 11,9-10.13]

Initiative Gott hat den ersten Schritt in diese Bezogenheit gemacht, indem Gott uns ins Leben hauchte. Der Geist, der Spirit, ist dem Wort nach Lebenshauch, Lebensatem, Lebendigkeit. Mein eigenständiges Leben fing an, als ich meine ersten Atemzüge vollzog. Ich habe mein Leben (unverdient und unverschuldet) geschenkt bekommen. Wenn ich die göttliche Geistkraft in mein Leben einlade, wird mein Leben inspiriert. Diese Einladung, dieses Öffnen für … fordert meinen bewussten Schritt.

Jesus empfiehlt auch mir, um das zu bitten, was ich mir ersehne. Das zu suchen, was mir fehlt und auch an verschlossene Türen zu klopfen. Meine Initiative spielt also eine Rolle und das rechte Gespür, was ich denn wirklich zum guten Leben brauche.

Bitten, suchen, anklopfen.

Empfangen, finden, aufgenommen werden.

Und in allem lebe ich bezogen auf Gottes schöpferische und lebensspendende Geistkraft.

Da erhob eine Frau aus der Menge ihre Stimme und rief ihm z
Selig der Schoß, der dich getragen, und die Brust, die dich
gestillt hat! Er aber erwiderte: Ja, selig sind vielmehr, die da
Wort Gottes hören und es befolgen. [LUKAS 11,27-28]

ICH lausche DEINER STIMME

Stillen Trotz aller technischen Errungenschaften ist es noch immer der Schoß einer Frau, der das wachsende Leben ermöglicht. Frauen, die die Gabe des Gebärens erleben (dürfen), haben körperlichen und seelischen Anteil an der Schöpferkraft Gottes. Noch braucht Gott das weibliche Abbild, um Leben zu gebären. So ist es von Gott her eingesetzt. Wenn Mütter ihre Kinder stillen, erfahren sie leibhaftig das Gefühl der Geborgenheit, der wärmenden Nähe der Haut, der emotionalen Zuwendung. Diese stillenden Mütter schenken ihren Kindern eine Nahrung, die sie wachsen lässt und ihre Resilienz (= Widerstandskraft in Krisen) stärkt. Und dennoch schenkt Jesus dieser Bemerkung über seine Mutter keine direkte Anerkennung. Vielmehr nennt er jene Menschen selig, die das Wort Gottes, das er verkünde hören und es befolgen. Was uns ursprünglich als nährende (Widerstands-)Kraft mitgegeben wurde, ist für sich allein noch nicht das Ziel. Diese Kraft für Gottes Frohbotschaft einzusetzen und aus diese inhaltlichen Energie zu sein und zu wirken, macht selig. Die Kraft des göttlichen Wortes, das Zuversicht und Leben in Fülle verheißt, birgt jene Quelle in sich aus der wir auch in Krisenzeiten zehren und uns aufbauen können.

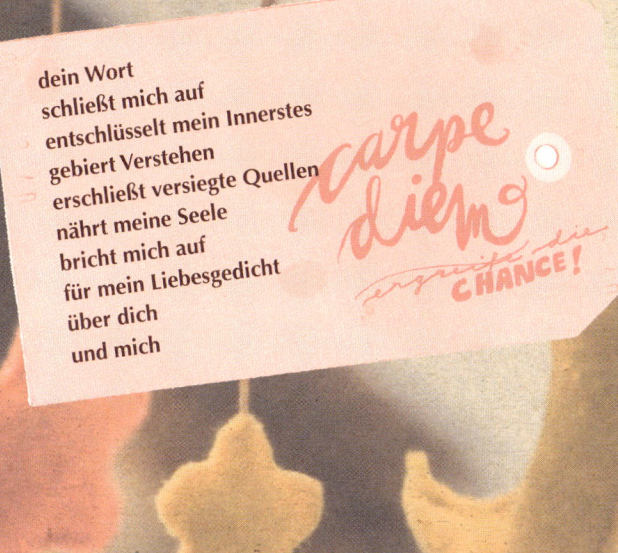

dein Wort
schließt mich auf
entschlüsselt mein Innerstes
gebiert Verstehen
erschließt versiegte Quellen
nährt meine Seele
bricht mich auf
für mein Liebesgedicht
über dich
und mich

carpe diem
ergreife die
CHANCE!

Meine Oase

Ich versuche das tägliche Stimmengewirr um
mich herum auszublenden. Ich betrete meinen
inneren Raum und höre hin, was sich in mir zu
Wort meldet. Aufmerksam und realistisch vernehme ich meine Gedanken(-spiralen).
Wenn es mir gelingt, wähle ich aus:
Worte, die mich stärken und bereichern,
und blende jene Worte aus, die mich schwächen und fesseln.
Wird es allmählich stiller in mir, dann spüre
ich hin, ob es ein Wort von Gott gibt, das jetzt
meine Sehnsucht stillen könnte und mich in den
Schoß der Geborgenheit zurückholt.
Ich nehme dieses aufbauende Wort an mein
Herz.

carpe diem

ergreife die CHANCE!

Ich verleugne oder ignoriere den Schattenbereich in mir nicht. Im Schatten gedeiht vieles nicht leicht, aber es gibt auch
Lebewesen, die den Schatten suchen,
um dort erst wachsen zu können. Damit
ist nicht das Unkraut gemeint, sondern
auch schöne Schattengewächse in ihrer
Vielfalt. Auch sie wollen gegossen und
gesehen werden.
Manchmal landet Ungelebtes im Schattenbereich: der ergiebige Müßiggang,
die übersprühende Vitalität, die Freiheit
zu tanzen und zu spielen, mein wahres
Wesen …
Was in mir will ans Licht, um in seiner
wahren Kraft zu leuchten?

ich erleuchte die WELT

Meine Oase

Ich wende mich jetzt meinem inneren Licht zu.
Wenn ich das Bild meiner inneren Schatzkammer erneut
in mir auftauchen lasse, dann leuchtet mir mein innerer
Glanz entgegen. Da sind Schätze vorhanden, die glitzern
und eine anziehende Leuchtkraft haben. Im Dunkeln der Kammer
sehe ich nichts, aber im Licht der Erfahrung und Erinnerung
offenbart sich mir alles wieder aufs Neue. Es steht mir zu,
dieses innere Licht ans Tageslicht zu heben, meine Augen leuchten
zu lassen. Es steht mir gut, mit glänzenden Augen den
Schattenbereich zu erleuchten. Im Würdigen und Anerkennen,
was an Leuchtendem in mir und um mich herum ist,
biete ich finsteren Gedanken und Phasen die Stirn.
In mir gibt es Schätze, die mein ganzes Sein zum Leuchten
bringen und auch auf dich abfärben. Ich schaue
aufmerksam und würdigend auf meine
innere Leuchtkraft.

Niemand zündet eine Leuchte an und stellt sie in einen versteckten Winkel oder unter einen Scheffel, sondern auf einen Leuchter, damit alle, die eintreten, das Licht sehen. Die Leuchte des Leibes ist dein Auge. Wenn dein Auge gesund ist, dann ist dein ganzer Leib hell. Wenn es aber krank ist, dann ist auch dein Leib finster. Achte also darauf, dass das Licht in dir nicht Finsternis ist! Wenn nun dein ganzer Leib hell ist und nichts Finsteres in ihm ist, dann wird er ganz hell sein, wie wenn die Leuchte dich mit ihrem Strahl bescheint. [Lukas 11,33-36]

TAG 36

Licht – Schatten – Finsternis Wo viel Licht ist, da ist auch viel Schatten. Wenn die Sonne unbarmherzig herunterbrennt, ist Schatten kühlend und Schutz bietend. Die Finsternis löst Ängste vor den „dunkeln Mächten" aus, dem Unkontrollierbaren. Aber auch die Finsternis, die Dunkelheit hat ihre Schutzfunktion: Die Nacht ist ruhiger als der Tag. Ich kann mich in ihr ausruhen und für die Anforderungen des folgenden Tages durch den gesunden Schlaf stärken. Der Wechsel und die Ergänzung dieser Qualitäten hält vieles im Lot. Wenn aber die Balance verlorengeht, der Bereich des Schattens, des finsteren Dunkels überhandnimmt, dann ist die Gefahr der seelischen Finsternis, der depressiven Gedanken-Endlos-Schleifen gegeben. Die Augen leuchten nicht mehr, das innere Licht scheint erloschen, die Glut entbehrt des zündenden Funkens. Ist es so weit in mir, dann benötige ich das Licht des Lebens an meiner Seite. Mit den liebenden Augen Jesu schaue ich auf meine Lebenswirklichkeit und entdecke die Lichtfunken meiner inneren Schatztruhe.

ICH SCHÄTZE meinen Freiraum

Meine Oase

Heute erfinde ich mich neu. Ich logge mich aus der virtuellen Welt aus. Ich fahre meinen Computer und mein Smartphone herunter. Ich bin vorübergehend nicht erreichb.
Ich mute der Welt zu, ohne mich weiter zu funktionieren.
Time-out.
Damit gebe ich einen Teil meiner Verbundenheit mit einer virtuellen Welt – für eine reale Mitwelt ab.
Dabei nehme ich ehrlich wahr, wie sehr mich dieses Aussteigen innerlich aufwühlt, herausfordert, oder gar befreit.
Wie viel Zeit, wie viel Ruhe, wie viel Bewusstheit schenke ich mir und dir mit diesem Tun?
Wofür schlägt jetzt – in diesem Freiraum – mein Herz?

carpe diem — ergreife die CHANCE!

schalt das Ding aus
und schalt dein Herz ein
sei (m)ein Schatz

Wenn ich meinen durchschnittlichen Tagesablauf ehrlich betrachte, wie viel Zeit verbringe ich mit sozialen Medien?
Wie viel Zeit bleibt mir als Folge davon für eine reale (analoge), menschliche oder „himmlische" Beziehung?
Wann nahm ich mir zuletzt Zeit für ein berührendes, wesentliches Gespräch mit meinem Partner, meiner Freundin?
Gäbe es eine realistische Chance in meinem Zeitplan täglich Zeiten der handyfreien Zone einzurichten?
Wenn ja – was ist der Lohn dafür?

Verkauft euren Besitz und gebt Almosen! [...] Verschafft euch einen Schatz, der nicht abnimmt, im Himmel, wo kein Dieb ihn findet und keine Motte ihn frisst! Denn wo euer Schatz ist, da ist auch euer Herz. [LUKAS 12,33-34]

Wo mein Schatz ist ... Als Kind gab es die Faszination des Abenteurers auf der „Schatzinsel". Mit einem geheimnisvollen Plan, der viel Mut und Logik erfordert, geht die Suche nach dem verborgenen Schatz los. Wer alle Prüfungen übersteht, hat die Chance, die Schatzkiste auszugraben und die wertvollen Golddukaten und Perlen durch die Finger fließen zu lassen. Mit diesem Fund ist das Leben gerettet, der Unterhalt gesichert. Ja – diese Bilder gehören in die Kindheit. Im richtigen Leben spielen andere Schätze eine existentielle Rolle, die den Lebensunterhalt jedoch nicht sichern.

Wo mein Schatz ist, da ist mein Herz. In den öffentlichen Verkehrsmitteln und auf der Straße begegnen mir immer mehr Menschen mit Kopfhörern und Smartphones. Egal wie lange die Reise dauert, der Blick ist auf den Bildschirm fixiert und die Finger streichen über die Tastatur. Die Landschaft und das Leben draußen sowie die Mitwelt drinnen, werden nicht mehr wahrgenommen. Gespräche kommen kaum zustande, denn meine Frage, ob ich im richtigen Film bin, bleibt unbeantwortet – die Kopfhörer verhindern das Eindringen in die reale Sphäre. Wie kann ich in dein Reich vordringen, wenn mich deine Schutzmechanismen abprallen lassen?

ICH RICHTE MICH *befreit* AUF

Aufrichten Am Sabbat sollte Jesus eigentlich nicht arbeiten, so lautet das Gesetz. Wir haben in den letzten Wochen immer wieder gehört, wie wichtig Pausen und Zeiten des Ruhens sind. Jesus selbst hat sie für sich und seine Gefolgschaft auch immer eingefordert. Hier aber setzt sich Jesus über dieses Sabbatgesetz hinweg. Und das nicht zum ersten oder letzten Mal. So wichtig ihm die Zeit des Entspannens und der gesunden Unterbrechung der Routine auch ist, noch wichtiger ist ihm das Wahrnehmen großer Not und besonderer Bedürfnisse. Hier im Haus des Wortes Gottes und des Gebetes nimmt er eine Frau wahr, die vom Leben und vom Leiden so gezeichnet ist, dass sie völlig verkrümmt ist. Jesus hält das nicht aus. Er ruft sie zu sich vor den Augen aller. Ohne ihre Aufforderung und ohne einen vorausgehenden Dialog mit ihr, wird er tätig. Er legt seine wirkkräftigen Hände auf ihren gepeinigten Rücken und sie richtet sich sofort auf. Nach 18 unendlich langen Jahren steht sie zum ersten Mal wieder aufrecht da und kann mit ihrer Mitwelt endlich auf Augenhöhe kommunizieren.

Am Sabbat lehrte Jesus in einer Synagoge. Und siehe, da war eine Frau, die seit achtzehn Jahren krank war, weil sie von einem Geist geplagt wurde; sie war ganz verkrümmt und konnte nicht mehr aufrecht gehen. Als Jesus sie sah, rief er sie zu sich und sagte: Frau, du bist von deinem Leiden erlöst. Und er legte ihr die Hände auf. Im gleichen Augenblick richtete sie sich auf und pries Gott. [Lukas 13,10-13]

Meine Oase

Ich versuche mich mit der gekrümmten Frau zu identifizieren, mich ihrem Schicksal und Leiden anzunähern. Damit entdecke ich vielleicht auch Belastendes in meinem Leben.

Ich stehe fest auf meinen Beinen, aber ich verbiege mich so weit es mir möglich ist. Ich halte in dieser Verkrümmung inne und nehme mich und meinen Körper dabei wahr. Diese Haltung löst auch emotional und gedanklich etwas oder gar vieles in mir aus. Wie lange halte ich diese Belastung aus? Welche Bedürfnisse löst es in mir aus? Allmählich richte ich mich vorsichtig und langsam, Wirbel für Wirbel, auf. Ich atme tief durch und damit in mögliche Verspannungen. Ich nehme den Unterschied in mir und in meinem aufrechten Körper wahr. So ähnlich kann sich Auferstehung anfühlen.

carpe diem – *ergreife die* CHANCE!

18 Jahre lang wütete ein böser Geist in dieser Frau. Ich bin in manchen Impulsen bereits den verschiedenen Aber-Geistern, die es auch in mir gibt, begegnet. Vielleicht sind mir in der verkrümmten Haltung Belastungen bewusst geworden, die mich persönlich niederdrücken. Mag sein, dass es noch immer negative Glaubenssätze, beklemmende Beziehungen oder belastende Strukturen in meinem Umfeld gibt. Sie zu benennen kann ihnen etwas von ihrer (Schein-)Macht nehmen.

richte dich auf
stell dich den Aber-Geistern
biete ihnen die Stirn
im Glauben an deine aufrichtige Kraft
krümmen sie sich vor Schmerz
und du tanzt ins Leben

Ich bin DER → GRÖSSTE Schatz

Oder wenn eine Frau zehn Drachmen hat und eine davon verliert, zündet sie dann nicht eine Lampe an, fegt das Haus und sucht sorgfältig, bis sie die Drachme findet? Und wenn sie diese gefunden hat, ruft sie die Freundinnen und Nachbarinnen zusammen und sagt: Freut euch mit mir, denn ich habe die Drachme wiedergefunden, die ich verloren hatte! [Lukas 15,8-9]

Gottes Schatz Die Frau, die nach der verlorenen Drachme sucht, ist ein Bild für Gott, der jeden Menschen, der sich auf dem Lebensweg verirrte, sucht. Mit aller Kraft und Sorgfalt bemüht sich Gott, auch mich auf die Spur zu bringen, die mir die Lebensfreude erneuert. Mein Leben soll nicht verloren sein, sondern viel Gelegenheit zur Zufriedenheit und zum Wohlbefinden bieten. Ich bin Gottes größter Schatz!

mein Schatz
prägt mich
berührt mich
mitten im Herzen

Auch wenn ich es im ersten Moment als verlorene Liebesmühe betrachte ... ich wage die Suche dennoch:
Ich nehme mir ein Blatt buntes Papier und schreibe mindestens 10 Schätze auf, die mir so wertvoll sind, dass ich mein ganzes Leben durchstöbere, um sie wieder zu entdecken:
– kostbare und berührende Momente
– tiefe Begegnungen
– Fähigkeiten/Werte in mir, die ich an mir schätze
– Menschen, Orte ...
Alles, was jetzt auftaucht, schreibe ich auf und bewahre es in mir. Ich nehme mir diese Schätze zu Herzen, damit sie mir nicht erneut verloren gehen.

carpe diem ergreife die CHANCE!

Meine Oase

Welche Schätze, Talente und Wesenheiten, die Gott in mich gelegt hat, sind mir im Laufe der Zeit verlorengegangen, obwohl sie mir irgendwann einmal einen großen Dienst erwiesen haben?
Ich suche in meiner Fotokiste (real oder in meiner Erinnerung) nach einem Bild der Freude, vielleicht sogar aus Kindertagen. Ein Bild, aus dem heraus ich mich heute anstrahle. Ich nehme mir die Zeit, der Szene nachzusinnen, der dieser Schnappschuss entnommen ist. Vielleicht erinnere ich mich an das, was damals war, was mich so glücklich machte. Diese (inneren) Bilder können noch weitere Momente beleuchten, in denen ich dem persönlichen Glück sehr nahe war.
Welche Lebenslust springt mir da entgegen?
Habe ich sie in mein heutiges Leben mitgenommen, oder ist sie mir verlorengegangen?
Gibt es Seiten an mir, die ich nicht mehr lebe?
Vielleicht das Spontane, Spielerische, Kreative, Beziehungsfördernde etc.?
Ich suche nach Wegen, wie ich diese verloren geglaubte Kraft wieder in meinen Alltag zurück holen kann.

Ich schütze meinen HEILIGEN BEZIRK

Ich versuche mich möglichst unabhängig von
äußeren Stimmen zu machen. Ich stärke
meine innere Sicherheit: Ich nähre sie und
ich vertraue ihr zunehmend.

meine Stimme
spricht die Sprache des Herzens
ich bin mir heilig
weil du mich im Segen bejahst

carpe diem ergreife die CHANCE

Stimmungsschwankungen Der Jubel der Menge ist unüberhörbar.
Eine lautstarke Reaktion auf die wunderbare Leistung eines außerge-
wöhnlichen Menschen. Die Anerkennung ist mitreißend und bewegend.
Das Bad in der Menge erfrischt: vorübergehend.
Heute so – morgen so. Stimmungsschwankungen – der emotionale
Tanz auf dem Pulverfass.
Wie leicht kann ich abhängig werden von den Stimmen der anderen
und dabei meine eigene Stimme überhören:
Ich bin gesegnet. Ich bin Tempel Gottes.
Gestern – heute – morgen – bis in alle Ewigkeit.
Bei Gott gibt es keine Stimmungsschwankungen:
nur ein bedingungsloses Ja.

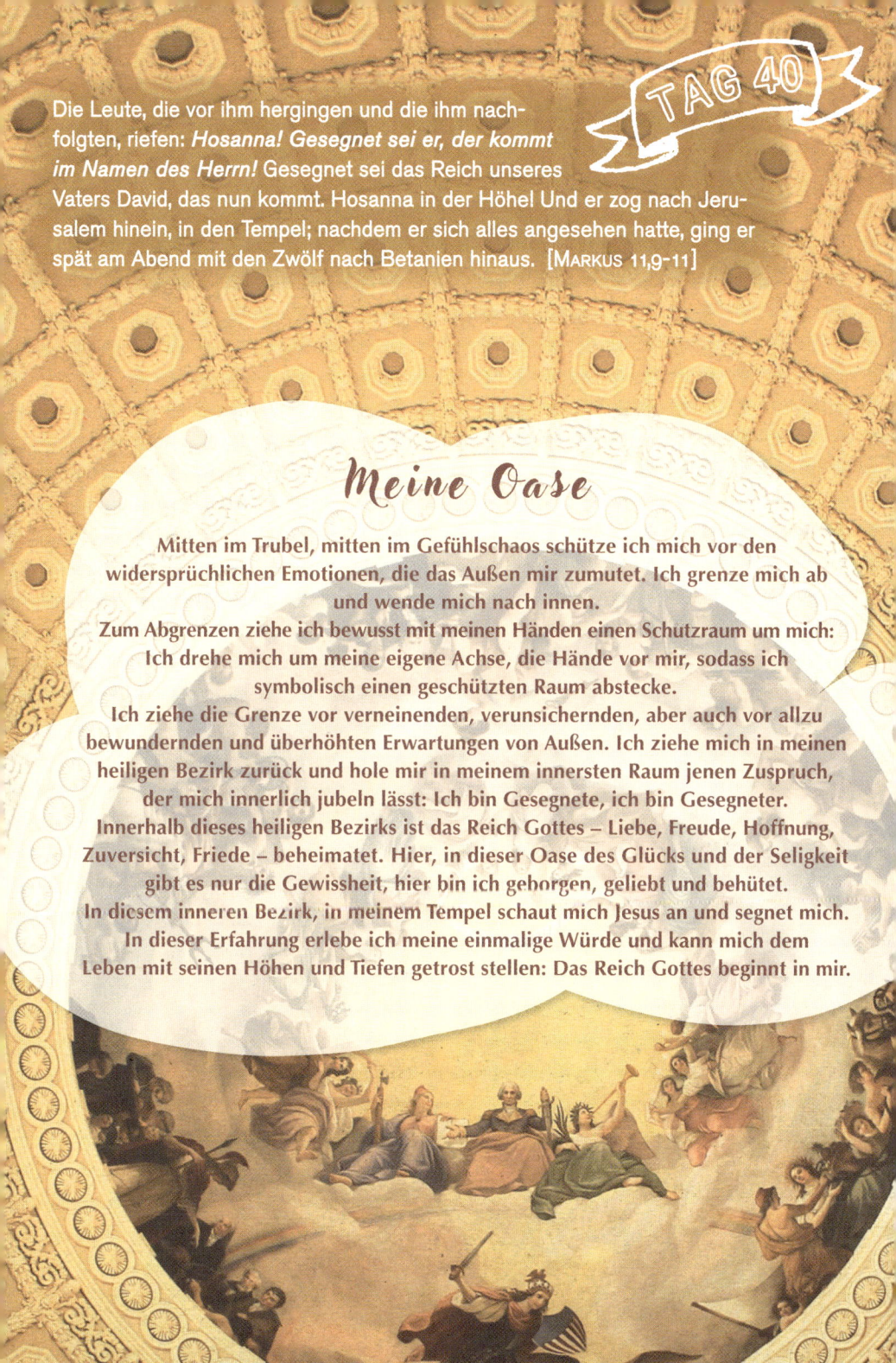

Die Leute, die vor ihm hergingen und die ihm nachfolgten, riefen: *Hosanna! Gesegnet sei er, der kommt
im Namen des Herrn!* Gesegnet sei das Reich unseres
Vaters David, das nun kommt. Hosanna in der Höhe! Und er zog nach Jerusalem hinein, in den Tempel; nachdem er sich alles angesehen hatte, ging er
spät am Abend mit den Zwölf nach Betanien hinaus. [Markus 11,9-11]

Meine Oase

Mitten im Trubel, mitten im Gefühlschaos schütze ich mich vor den
widersprüchlichen Emotionen, die das Außen mir zumutet. Ich grenze mich ab
und wende mich nach innen.
Zum Abgrenzen ziehe ich bewusst mit meinen Händen einen Schutzraum um mich:
Ich drehe mich um meine eigene Achse, die Hände vor mir, sodass ich
symbolisch einen geschützten Raum abstecke.
Ich ziehe die Grenze vor verneinenden, verunsichernden, aber auch vor allzu
bewundernden und überhöhten Erwartungen von Außen. Ich ziehe mich in meinen
heiligen Bezirk zurück und hole mir in meinem innersten Raum jenen Zuspruch,
der mich innerlich jubeln lässt: Ich bin Gesegnete, ich bin Gesegneter.
Innerhalb dieses heiligen Bezirks ist das Reich Gottes – Liebe, Freude, Hoffnung,
Zuversicht, Friede – beheimatet. Hier, in dieser Oase des Glücks und der Seligkeit
gibt es nur die Gewissheit, hier bin ich geborgen, geliebt und behütet.
In diesem inneren Bezirk, in meinem Tempel schaut mich Jesus an und segnet mich.
In dieser Erfahrung erlebe ich meine einmalige Würde und kann mich dem
Leben mit seinen Höhen und Tiefen getrost stellen: Das Reich Gottes beginnt in mir.

Welches Gebot ist das erste von allen? Jesus antwortete: Das erste ist: Höre, Israel, der Herr, unser Gott, ist der einzige Herr. Darum sollst du den Herrn, deinen Gott, lieben mit ganzem Herzen und ganzer Seele, mit deinem ganzen Denken und mit deiner ganzen Kraft. Als zweites kommt hinzu: Du sollst deinen Nächsten lieben wie dich selbst. Kein anderes Gebot ist größer als diese beiden. [MARKUS 12,28-31]

TAG 41

Liebe Wenn ich in mir selbst und in meinem Nächsten Gott liebe … dann liebe ich mit ganzem Herzen, ganzer Seele, meinem ganzen Denken und meiner ganzen Kraft. So sehr soll ich mich selbst lieben! Und damit Gott die Ehre geben. Diese Liebe ist ganzheitlich, umfasst alles in mir – bis in meinen innersten Kern. Diese Liebe durchdringt mich ganz und öffnet mich für die Menschen in meinem Umkreis und darüber hinaus. In jeder Zelle meines Körpers jubiliert diese Liebe. Das ist ein göttlicher Lebensauftrag … dass ich mir selbst gewogen bin, mich selbst nähre und versorge, mich selbst achte und beheimate. Aus dieser Selbstachtung heraus, aus dieser Wertschätzung heraus, fällt es mir leicht, auch anderen achtsam und zugewandt zu begegnen. Dabei bleibe ich bei mir und lass dir das deine. Meine Würde begegnet deiner Würde. In der Begegnung berühren wir Gott.
Wenn ich mir selbst mit Liebe begegne, dann verlange ich nicht ständig von anderen, mich so zu lieben, dass ich mich liebenswert erfahre. Dann überfordere ich die anderen nicht, mir laufend Beweise ihrer Liebe bieten zu müssen. Ich werde genießbar.

Ich liebe MICH selbst

Meine Oase

Viele äußere Stimmen, Antreiber und Aber-Geister habe ich im Laufe meines Lebens verinnerlicht. Sie treiben mich zu Höchstleistungen, knurren und beißen, wenn ich einem überhöhten und oft irrealen Ideal nicht entspreche. Sie versperren mir oft den Weg zu mir selbst und zu den anderen.

Ich schreibe mir diese inneren Antreiber (meistens negative Sätze aus frühen Zeiten) auf und setze ihnen je einen positiven, aufwertenden und liebevollen Gedanken entgegen. Ich formuliere neue Glaubenssätze.

Z.B. aus: „Du schaffst das nie!" wird ein: „Mit meinem Gott überspringe ich Mauern. Yes – I can!"

Ich verbrenne im Anschluss daran alles Negative und übergebe die Asche dem Wasser oder dem Wind. Ich nehme mir vor, die positiven Sätze auf meiner seelischen SIM-Karte abzuspeichern und die Negativen ganz zu löschen.

von ganzem Herzen lieben
nicht halbherzig oder ein bisschen
nicht von allem ein wenig denn
weniger ist mehr
mit ganzer Seele lieben
beseelt und beflügelt
kraftvoll aus dem Innersten heraus
über alles Gewöhnliche hinaus

carpe diem ergreife die CHANCE!

ich ACHTE HEILIGE Zeiten

Achtsamkeit Achtsamkeit ist ein modern gewordener Begriff, der in die Entspannung und Stressreduktion führen will. Achtsam sein, achtsam leben. Nicht nur zu bestimmten Zeiten der angeleiteten Entspannung – sondern eigentlich immer. Es sollte eine Lebenshaltung sein: Wach in die Welt blicken, wie ein staunendes Kind, das erst lernt, was es im Leben alles zu sehen und zu erleben gibt. Und wachsam wie der treuste Gefährte des Menschen, der geliebte Hund, der alle Gefahr von seinen Bezugspersonen abhalten möchte.

Achtsam – das Detail wahrnehmen, die Nuancen spüren, die Zwischentöne hören und die eigenen Resonanzen erkennen.

Mit Achtsamkeit die besondere Zeit, den Einbruch des Göttlichen in allzu Menschliches, der Liebe in die Gewohnheit, der Heilung in die Wunde … wahrnehmen und sich freuen: Jetzt wendet sich die Zeit, jetzt ist etwas geschehen, das mich wandeln kann: Jetzt kann Göttliches in mir geboren werden.

Gebt Acht und bleibt wach! Denn ihr wisst nicht, wann die Zeit da ist. Was ich aber euch sage, das sage ich allen: Seid wachsam! [MARKUS 13,33.37]

Ich in dir
Du in mir
heilsame Berührung
in der Zeit

Meine Oase

Ich richte mir meinen Ort des Rückzugs, des Besinnens etwas feierlicher ein als sonst. Das Äußere soll zum Ausdruck bringen, dass ich mich innerlich an einen heilsamen Ort bewegen möchte.
Ich werde ruhig, atme bis tief in meine Leibmitte. Ich empfange das Leben aus göttlicher Hand über meinen Atem. Mit einem Lächeln nehme ich dieses kostbare Geschenk dankbar an. In der nun folgenden Stille versuche ich, den auftauchenden Gedanken Flügel zu verleihen, sodass sie davonfliegen können. Im achtsamen Sein öffne ich mich für innere Bilder, wohltuende Erinnerungen an Hoch-Zeiten, heilige Zeiten, heilsame Begegnungen. Ich öffne mich für diese erlebten Erfahrungen, die mich zu ganz besonderen Zeiten mit der Fülle des Lebens, mit der Liebe und vielleicht auch mit Gott in Berührung brachten. Mit offener Achtsamkeit verweile ich dort, wo die Zeit sich besonders und himmlisch anfühlt.

Mit aller Klarheit und Bewusstheit möchte ich besondere Zeiten nicht nur wahrnehmen, sondern auch achten und würdigen. Dies kann ich tun, indem ich mir selbst ein Ritual überlege, wie ich diese heilige Zeit kennzeichnen und hervorheben kann: z.B. eine Kerze anzünden, ein Lieblingslied spielen oder singen, oder bewusst still werden und Danke sagen.

carpe diem ergreife die CHANCE!

Ich fühle mich

KÖNIGlich

Meine Oase

Wenn ich mir etwas Besonderes gönnen möchte, dann
schenke ich mir eine Ölmassage. Wenn ich einem
geliebten Menschen etwas Besonderes geben möchte,
dann verschenke ich einen Massage-Gutschein.
Ich vertraue mich dabei einfach deinen Händen an, gebe
mich dem warmen, sinnlichen Genuss des Öls hin –
meine Oase! Loslassen, die Seele baumeln lassen, nichts
leisten müssen – sein dürfen, etwas nehmen dürfen:
Die Hingabe deiner Hände auf meiner empfindlichen Haut.
Jede Faser meines Seins saugt das kostbare, duftende Öl
bis in Tiefenschichten ein. In der sanften Berührung
entspanne ich mich, empfange dankbar, was du in der
Berührung gibst.
Das ist keine Verschwendung! Das ist liebevolle Hingabe!
Dann, wenn ich träumend daliege und mir und meinem
Körper wieder näher gekommen bin, erahne ich, wie
es Jesus ging, als ihm diese unbekannte Frau das Öl übers
Haupt goss und ihn dabei salbte. So wurde ich bei der
Taufe und bei der Firmung gesalbt – und wenn ich eine
Wunde hatte. In dieser Stärkung geschieht Heil und es
lebt sich danach leichter.

erspüren was du brauchst
und handeln
allen Aber-Geistern zum Trot
das gute Werk vollbringen
den Augenblick erahnen
tun was möglich ist
und sich dabei in Liebe
verschwenden

tut dies zu meinem Gedächtni

carpe diem ergreife di CHANCE!

tut dies zu meinem Gedächt

Zuwendung Ausgerechnet im Haus Simons des Aussätzigen, eines vormals Unberührbaren, berührt eine namenlose Frau Jesus auf kostbare Weise. Verschwendung nennen es die anwesenden Männer. Sie hätten ihr am liebsten den Kopf gewaschen. Wie kann sie nur so viel teures Öl an Jesus vergeuden. Er aber fährt ihnen über den Mund: „Sie hat gut an mir gehandelt! Sie hat mich gestärkt für den bevorstehenden Leidensweg." Jesus nimmt ihre Zuwendung dankbar an. Er würdigt ihre Achtsamkeit und steht für sie ein. Während seine Anhänger nicht begreifen, was auf ihn zukommt und seine Gegner seinen Untergang vorbereiten, tut diese Frau das, was Jesus jetzt gerade zutiefst benötigt: Sie zeigt ihm ihre Liebe, indem sie tut, was sie kann, indem sie gibt, was sie hat. Frauen handeln oft intuitiv, aus dem Bauch heraus, scheinbar irrational. Diese Frau salbt Jesus mit Fingerspitzengefühl und steht für viele Frauen, die ihre Eltern und Schwiegereltern salben, die Wunden ihrer Kinder versorgen und ihre Liebe verschwenderisch hergeben.

Als Jesus in Betanien im Haus Simons des Aussätzigen zu Tisch war, kam eine Frau mit einem Alabastergefäß voll echtem, kostbarem Nardenöl, zerbrach es und goss das Öl über sein Haupt. Einige aber wurden unwillig und sagten zueinander: Wozu diese Verschwendung? Jesus aber sagte: Hört auf! Warum lasst ihr sie nicht in Ruhe? Sie hat ein gutes Werk an mir getan. Sie hat getan, was sie konnte. Sie hat im Voraus meinen Leib für das Begräbnis gesalbt. [Markus 14,3-4.6.8]

Abendmahl Jesus, der Gesalbte, weiß, dass sein Tod besiegelt ist. Wenn seine Jünger diese Tatsache auch verdrängen, nicht wahrhaben wollen, Jesus bleibt der Realität treu. Er möchte einen klaren, bewusst vollzogenen Abschied feiern: Beim gemeinsamen Mahl. Dazu braucht er einen geschützten Rahmen und der muss vorbereitet werden. Er bezieht jene Menschen mit ein, die er seit drei Jahren als Wegbegleiter und Nachfolger in seine Lebensphilosophie eingeweiht hat. Beim letzten gemeinsamen Abendmahl nimmt er Brot und Wein und setzt einen eucharistischen Anfang: Ein Anfang ohne absehbares Ende. In diesem Ritus wird er gegenwärtig bleiben, über seinen Tod hinaus. Mit diesem Abschiedsritual stiftet er Gemeinschaft, die noch 2000 Jahre später weltweit Zusammenhalt und Sinn erlebbar macht. Es braucht solche Räume und Rituale, um das Leben und die Liebe zu würdigen und zu feiern. Diese Rituale braucht es auch in meinem heutigen Leben.

Wo ist der Raum, in dem ich mit meinen Jüngern das Paschalamm essen kann? [MARKUS 14,14]

setz dich zu mir
iss und trink
sprich über Wesentliches
und hör mir zu
so vereint
bleiben wir verbunden
über diese Zeit hinaus

carpe diem
ergreife die
CHANCE!

Ich nehme mir den GESCHÜTZTEN Raum

Meine Oase

Es ist wichtig, besondere Ereignisse, Übergänge, Abschiede, neue Lebensabschnitte bewusst zu gestalten. Es braucht Räume und Rituale, die mir und den Menschen, die zu diesen Lebensphasen dazugehören, diese Schritte bewusstmachen: Es braucht den gemeinsamen Vollzug dieser besonderen Zeiten. Darin entsteht eine klärende Begegnung zwischen den Mitfeiernden, Mitgestaltenden. Es wird im Ritual geklärt, das was war, ist so nicht mehr. Das was kommt, ist vielleicht noch nicht ganz greifbar. Im Ritual, im Vollzug der Feier, kann ich das zur Sprache bringen, was mich bewegt, freut und ängstigt. Damit gebe ich auch meinen Freundinnen und Freunden die Möglichkeit, ihre Gedanken und Gefühle mitzuteilen.

Ich überlege mir an besonderen Wendepunkten meines Lebens, wer mich in die nächste Phase mit einem Ritual begleiten könnte. Ich kann dabei aus meinem Innersten schöpfen: Wo ist der geschützte Raum, in dem ich meine besondere Lebenszeit heiligen und würdigen kann?

Zum Ritual des Abschieds, der in einem geschützten (mir heiligen) Raum vollzogen wird, gehören dazu:

Die Menschen, die mir kostbare Weggefährten waren;

Die Erinnerung an unsere gemeinsame Zeit;

Der Dank für Vergangenes und der Wunsch für die Zukunft;

Das Abschiedswort, die Abschiedsgeste;

Der Segen, den du mir, den ich dir für die weiteren Wege zusage.

DU BIST *mein* GOTT *in allem*

Verlassenheit Diese Verlassenheit mitten in der Finsternis kenne ich auch – phasenweise. Aber nie war sie so gewaltig und ausgesetzt wie auf Golgota – damals. An vielen Orten der Welt gab es und gibt es immer wieder, immer noch dieses Entsetzen vor der Gottlosigkeit in der Gottferne. Warum – diese Frage führt nicht weiter, birgt kein gutes Ende in sich. Ich fühle mich manchmal verlassen, aber nie so der Menschlichkeit entrückt wie damals auf Golgota. Und dennoch, jeder Moment, jede Zeitspanne, die mich quält ist eine riesige Herausforderung. Gott wird erfahrbar im Gekreuzigten, der in der dunkelsten aller Nächte festhält an jenem Vater, dem er sich verbunden weiß: Mein Gott, mein Gott – in meiner größten Not rufe ich zu dir und weiß mich gehört.

Meine Oase

Ich suche mir in der Einsamkeit der Natur zwei Äste, die ich mit einer festen Schnur zu einem Kreuz binde. In meiner Karfreitags Gebetszeit nehme ich Papierstreifen oder Bänder zur Hand, auf die ich meine Golgota-Momente schreibe. Ich erinnere mich an sie und binde sie ans Kreuz. Dabei verbinde ich mich mit Jesus, der im allertiefsten Leiden in mir gegenwärtig ist.

Als die sechste Stunde kam, brach eine Finsternis über das ganze Land herein – bis zur neunten Stunde. Und in der neunten Stunde schrie Jesus mit lauter Stimme: […] Mein Gott, mein Gott, warum hast du mich verlassen? Dann hauchte er den Geist aus. Auch einige Frauen sahen von Weitem zu, darunter Maria aus Magdala, Maria, die Mutter von Jakobus dem Kleinen und Joses, sowie Salome; sie waren Jesus schon in Galiläa nachgefolgt und hatten ihm gedient. Noch viele andere Frauen waren dabei, die mit ihm nach Jerusalem hinaufgezogen waren. [MARKUS 15,33-34.37.40-41]

TAG 45

in meinem Schreien
stehst du zu mir
schreist mit
erlöst mich aus der Not
der Sprachlosigkeit

Wenn ich mich auf den Weg in die Natur gemacht und ein Kreuz gebastelt habe, dann nehme ich es nun mit an meinen Gebetsplatz. Ich werde still, lasse die Geschehnisse des heutigen Tages noch einmal in mir vorbeiziehen. Zur Ruhe gekommen, stelle ich mich dann auf meine innere Bühne zu den Frauen unters Kreuz. Ich bin in meiner eigenen Not nicht allein – und ich erkenne auch deine Not. Ich lasse es zu, dass ich angesichts zugefügter Wunden traurig, wütend, verzweifelt, verlassen, hilflos … bin. Ich schreie innerlich meine Not, deine Not hinaus in die Unendlichkeit.

Aber – ich wage den Aufstand. Ich wage es, die Auf-erstehung, die Erlösung und das Heil nicht aus den Augen zu verlieren. Ich stehe auf für Momente der Gotteserfahrungen, die ich auch erleben durfte. Ich atme tief durch und bewege den Geist Gottes in meinem Innersten und spüre die Berührung jener Zuversicht, die mich aufatmen lässt: Mein Gott – du bist mein Gott in allem.

carpe
diem
ergreife die
CHANCE!

TAG 46

IN MIR GESCHIEHT das Wun DER

Meine Oase

Rituale und sinnstiftende Handlungen können mir helfen, meine Gegenwart zu verstehen und in Verbundenheit mit den göttlichen Kräften in einen heilsamen Raum zu stellen. Ich nehme das Kreuz, das ich gestern gestaltet habe erneut zur Hand. Es zeigt mir erfahrenes Leid, spiegelt dunkle Zeiten wider. Ich kann dieses Kreuz nun mit einem (Leinen-)Tuch verhüllen, es einwickeln. Ich kann es auch symbolisch ins Grab legen – an einem Ort mit Steinen bedecken. Damit lege ich auch einen Teil meiner Verwundung mit ins Grab – und versuche dabei den Schmerz, den Groll, die Wut, die Ohnmacht mit dem Kreuz loszulassen. Bewusst vollzogen kann ich mich so distanzieren, innerlich lossagen. Und – wie Jesus – zur Ruhe kommen. Wenigstens für eine Zeit lang. Im persönlichen Gebet bitte ich Gott, auf den sich Jesus im Leiden und in seiner Todesstunde verlassen hat, das Verwundete mit göttlicher Energie in der Zeit, die das Leben braucht, in meine Auferstehung hineinzunehmen.

meine offene Wunde
verschließe du
mit dem Balsam
göttlicher Wandlungskraft

meine Vorstellungskraft
hebt mich über Hindernisse
und Gräber hinweg
hinein in die dynamische Kraft
göttlichen Auferstehungswillens

mich hält niemand und nichts gefangen
Befreiung geschieht in mir

carpe diem
CHANCE

Josef kaufte ein Leinentuch, nahm Jesus vom Kreuz, wickelte ihn in das Tuch und legte ihn in ein Grab, das in einen Felsen gehauen war. Dann wälzte er einen Stein vor den Eingang des Grabes. Maria aus Magdala aber und Maria, die Mutter des Joses, beobachteten, wohin er gelegt wurde. [Markus 15,46-47]

der
Auferstehung

Grablegung Die Grablegung ist ein Akt großer Herausforderung. Jetzt muss im Tun der Tod eindeutig eingestanden werden. Jedes Verleugnen dieses irdischen Ablebens vollzieht sich ab jetzt nur noch in der Psyche. Der Vollzug des Loslassens hat hier sein endgültiges Ritual. Jesus kann jetzt, nach seinem intensiven Dasein und seinem grausamen Sterben, endlich zur Ruhe kommen. Hier im Grab ist eine Stille, die er im Leben selten so erfuhr. In diesem Grabesraum fängt Gott, auf den Jesus sich immer verlassen hat, sein unglaubliches Wunder der Erneuerung an. Hier im Dunkel der Todeskammer, baut sich eine göttliche Energie auf, die jedes Grab, jede irdische Fessel sprengen und neues, kräftiges Leben spenden wird.

ICH BIN

befreit INS Leben

Meine Oase

Ich nehme die Steine von meinem gestern
begrabenen Kreuz und enthülle es. Ich
nehme bunte Bänder zur Hand und hänge
sie an die Balken des Kreuzes. Jedes bunte
Band erzählt von einem Moment, einem
Erleben, das mich aufgerichtet, befreit,
beglückt … hat. Ich lasse mir ebenso Zeit
für diese Erinnerungen wie vor Tagen,
als ich meinen dunklen Zeiten nachsann.
Jetzt aber geht es um mein Lebensglück,
meine Auferstehungsmomente! Mit jedem
Blick hinein in meine Erinnerungskiste
erfahre ich mich aufrechter und lebendiger.

nach der Ruhephase im Grab
in die Erneuerung
gewandelt
auferstehen

die Hindernisse wie Steine
beiseite schieben
und mit einem Hüftschwung
hineintreten
in die Fülle des Seins
als Ausdruck freudiger Lebenslust

carpe diem

Als der Sabbat vorüber war, kauften Maria aus Magdala, Maria, die Mutter des Jakobus, und Salome wohlriechende Öle, um damit zum Grab zu gehen und Jesus zu salben. Sie sahen, dass der Stein schon weggewälzt war […]. Sie gingen in das Grab hinein und sahen auf der rechten Seite einen jungen Mann sitzen, der mit einem weißen Gewand bekleidet war; da erschraken sie sehr. Er aber sagte zu ihnen: Erschreckt nicht! Ihr sucht Jesus von Nazaret, den Gekreuzigten. Er ist auferstanden […]. Er geht euch voraus nach Galiläa. [MARKUS 16,1.4-7]

Auferstehung Die Frauen, die bis zuletzt das gewaltsame Sterben tapfer durchgestanden haben, die aus der Ferne die Grablegung beobachteten, wollen Jesus durch die Salbung ihren Liebesdienst erweisen. Aber – er ist nicht mehr da. Die Salbung der namenlosen Frau war die letzte wohltuende Gabe durch Frauenhand.
Der große Stein, der das Grab versperrte, ist weg. Nichts war dem Gekreuzigten mehr hinderlich. Der Tod und seine Werkzeuge sind ihrer scheinbaren Kraft entbunden. Das Grab ist leer. Sie gehen mutig hinein ins Dunkel, scheuen sich nicht vor dem, was es an Schrecklichem eröffnen könnte und begegnen dem Boten Gottes und der Auferstehungsbotschaft: Er ist nicht hier im Dunkel, im Gefängnis; er ist unterwegs in eine lebenswerte Zukunft. Er ist euch vorausgegangen und wünscht sich nichts sehnlicher, als dass ihr ihm in die Auferstehung nachfolgt. Nichts darf euch zurückhalten, fesseln, einengen … kein Dunkel darf euch lähmen oder der Lebendigkeit entreißen. Die Worte des himmlischen Boten gelten nicht nur den Frauen damals, sondern sie sind auch für mich bestimmt!

DER HIMMEL ist in mir

Wegbegleiter Weggemeinschaft, Begleitung durch Zeiten, in denen ich nicht alles ohne fremde Hilfe verstehe oder durchstehe. Nach Verlusten, nach persönlichem Scheitern, nach Lebensentscheidungen und auch in persönlichen Erfolgen ist es entlastend und wohltuend, mit einer vertrauten Person über alles zu reden. Im Gespräch kommt eine neue Perspektive hinzu, Trost oder Verständnis, sodass sich ein tieferer Sinn oder eine Zukunftsvision erschließen kann. In der offenen und ehrlichen Begegnung öffnet sich der Himmel und das Herz kommt zur Ruhe.

carpe diem · ergreife die CHANCE!

hier nun
jetzt und in jedem Augenblick
beginnt mein Weg neu

hinter mir
gelebte Erfahrung
neben mir
gestärkte Zuversicht
in mir
mein göttlicher Kern
vor mir
die Fülle kreativer Möglichkeiten
über mir
die Kraft der Auferstehung

Und siehe, am gleichen Tag waren zwei von den Jüngern auf dem Weg in ein Dorf namens Emmaus [...]. Sie sprachen miteinander über all das, was sich ereignet hatte. Und es geschah, während sie redeten und ihre Gedanken austauschten, kam Jesus selbst hinzu und ging mit ihnen. Doch ihre Augen waren gehalten, sodass sie ihn nicht erkannten. Er fragte sie: Was sind das für Dinge, über die ihr auf eurem Weg miteinander redet? [Lukas 24,13–17]

Meine Oase

Ich suche mir einen geschützten Ort und lasse mich nieder. Über meinen Atem entspanne ich mich. Ich spüre den Halt unter meinen Füßen und meinem Gesäß. Ich bin getragen und sicher. Wenn ich innerlich ruhig geworden bin, stelle ich mir auf meiner inneren Bühne vor, wie ich einen vertrauten Weg entlanggehe. Ich schreite mit sicherem Schritt. Ich vertraue dem Boden unter meinen Füßen. Ich bin voll Selbstvertrauen und Zuversicht unterwegs. Vielleicht tauchen Bilder in mir auf, die mir die Augen öffnen für meine gute Zukunft. Ich schaue hin und spüre achtsam nach. Gestärkt und im Vertrauen kann ich Schritte setzen und Entscheidungen treffen, die mich der Fülle des Lebens näherbringen.

Mit diesen positiven Bildern und Gedanken kehre ich zurück in mein Körperempfinden. Mit großer Achtsamkeit atme ich tief ein und aus und öffne langsam meine Augen.

Ich bin hier und auch auf dem Weg in eine sichere Zukunft. Der Auferstandene geht mir voraus und ebnet mir die Bahn.

die AUTORIN

Angelika Gassner war 11 Jahre als Religions- und Englisch-
lehrerin tätig, ehe sie 2000 das Frauenreferat der Diözese
Feldkirch übernahm. Von 2005 bis 2018 inspirierte sie
Menschen als Leiterin des Referats für Spiritualität und Exerzitien
in der Erzdiözese Salzburg. Aktuell ist sie dort als Projekt-
entwicklern angestellt und arbeitet an der Umsetzung eines
Spirituellen Zentrums für seelische Gesundheit. Sie ist auch
als Geistliche Begleiterin, Trainerin für Burnout-Prävention und
spirituelle Autorin tätig.

Illustratorin

Anna-Katharina Stahl

Geboren 1974, Studium an der Hochschule der Bildenden Künste Saar und der Akademie der Bildenden Künste München. Artdirectorin in Frankfurt am Main. Seit 2005 selbständige Grafikdesignerin, freie Illustratorin und Künstlerin mit zahlreichen Ausstellungen.

1. Auflage 2019

Ein **camino.**-Buch aus der
© Verlag Katholisches Bibelwerk GmbH, Stuttgart 2019
Alle Rechte vorbehalten

Für die Texte der Einheitsübersetzung der Heiligen Schrift,
vollständig durchgesehene und überarbeitete Ausgabe
© 2016 Katholische Bibelanstalt GmbH, Stuttgart
Alle Rechte vorbehalten

Illustrationen und Gesamtgestaltung: Anna-Katharina Stahl, Stuttgart
Druck und Bindung: Finidr s.r.o., Lípová 1965, 737 01 Český Těšín,
Czech Republic
Verlag: Verlag Katholisches Bibelwerk GmbH, Silberburgstraße 121,
70176 Stuttgart

www.caminobuch.de
ISBN 978-3-96157-067-6